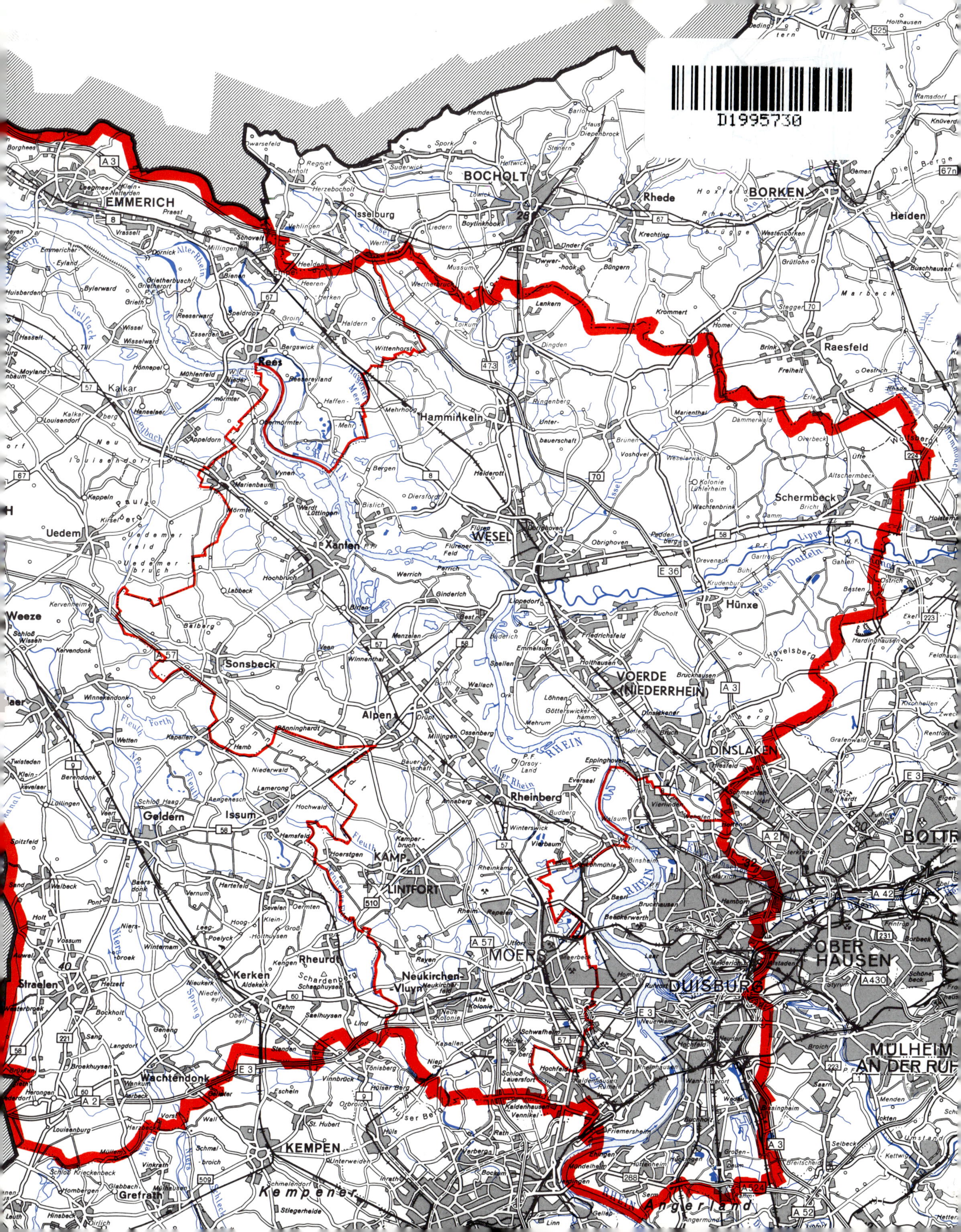

EMMERICH
BOCHOLT
BORKEN
Rhede
Heiden
Isselburg
Raesfeld
Rees
Kalkar
Hamminkeln
Schermbeck
Uedem
Xanten
WESEL
Hünxe
Weeze
Sonsbeck
VOERDE (NIEDERRHEIN)
Alpen
DINSLAKEN
Rheinberg
Geldern
Issum
KAMP-LINTFORT
OBER HAUSEN
Rheurdt
MOERS
Kerken
Neukirchen-Vluyn
DUISBURG
Straelen
MÜLHEIM AN DER RUHR
Wachtendonk
KEMPEN
Grefrath
RHEIN

Der Niederrhein · Wirtschafts- und Lebensraum

DER NIEDERRHEIN WIRTSCHAFTS- UND LEBENSRAUM

Mercator-Verlag / Butzon & Bercker

CIP-Kurztitelaufnahme der Deutschen Bibliothek

Der Niederrhein: Wirtschafts- und Lebensraum / hrsg. vom Ausschuß für Öffentlichkeitsarbeit d. Niederrh. Industrie- u. Handelskammer Duisburg-Wesel-Kleve zu Duisburg. Red.: Wolfgang Burkhard. – Kevelaer: Butzon u. Bercker; Duisburg: Mercator-Verl., 1987.
ISBN 3-7666-9548-7 (Butzon u. Bercker)
ISBN 3-87463-141-9 (Mercator-Verl.)

NE: Burkhard, Wolfgang (Red.); Niederrheinische Industrie- und Handelskammer Duisburg-Wesel-Kleve

Die Vorsatzkarte zeigt einen Ausschnitt aus der SK 250 Ü; vervielfältigt mit Genehmigung des Landesvermessungsamtes Nordrhein-Westfalen vom 02. 09. 1987, Nr. 430/87.

Herausgegeben vom Ausschuß für Öffentlichkeitsarbeit der Niederrheinischen Industrie- und Handelskammer Duisburg-Wesel-Kleve zu Duisburg
Redaktionelle Koordination:
Dr. Wolfgang Burkhard

Satz: L. N. Schaffrath, Geldern
Repro: Reprotechnik Geldern, Geldern
Druck/Bindung: Bercker Graphische Betriebe, Kevelaer
ISBN 3-87463-141-9 (Mercator-Verlag)
ISBN 3-7666-9548-7 (Butzon & Bercker)

Inhalt

Ein ungewöhnlicher Wirtschaftsraum

Grundlagen einer zukunftsträchtigen Entwicklung

„Es gibt keine interessantere Region. Ihre Gegensätze sind besonders reizvoll. Und deshalb lebe ich gern hier und bin hier zu Hause." Die Rede ist von einem ungewöhnlichen Wirtschafts- und Lebensraum, der ganz förmlich als Bezirk der Niederrheinischen Industrie- und Handelskammer Duisburg-Wesel-Kleve zu bezeichnen ist. Für Kammerpräsident Dr. Wolf Aengeneyndt ist er jedoch schlicht „der Niederrhein": einzigartig, unverwechselbar und vielschichtig, wie dieser Beitrag zeigt.

Ein ungewöhnlicher Wirtschafts- und Lebensraum ist es schon, das Land am Niederrhein. Ungewöhnlich sicher im Hinblick auf seine 2000jährige Kulturgeschichte. Ungewöhnlich die Wechselbäder, die er im Lauf der Geschichte über sich hat ergehen lassen müssen. Ungewöhnlich die Denkweise und die Art der hier lebenden Menschen.Und ebenso ungewöhnlich sind seine Landschafts-, Siedlungs- und Wirtschaftsstruktur.
Wieso ungewöhnlich? Sicherlich prägt die Vielfalt seiner Erscheinungsbilder diese Ungewöhnlichkeit, macht den Niederrhein zu einer unverwechselbaren, faszinierenden und - wenn auch erst auf den zweiten Blick - zu einer liebens- und lebenswerten Region.
Dieser niederrheinische Wirtschaftsraum kann im Hinblick auf Fläche und Bevölkerung durchaus mit einigen kleinen Bundesländern Schritt halten. Denn dieser Raum, der den Bezirk der Niederrheinischen Industrie- und Handelskammer einschließt, umfaßt sowohl die Stadt Duisburg als auch die beiden Kreise Kleve und Wesel mit einer Fläche von rund 2500 Quadratkilometern. Hier leben und arbeiten über 1,2 Millionen Menschen.

Wirtschaftszentrum und Freizeitregion

Diese Region hat zwei Gesichter. Da ist zum einen Duisburg, einstmals stolz auf den Beinamen „Stadt Montan". Stadt Montan, das steht für wirtschaftliche,

links
Das weite Land am Strom . . .
Auch die Kopfweiden gehören zu den Besonderheiten der typischen niederrheinischen Landschaft.

industrielle Potenz, für Unternehmen von Weltrang, für städtische Verdichtung und – vor allem durch den Hafen – für Weltoffenheit.
Da ist zum anderen der Kreis Kleve als Sinnbild für ländliche Strukturen, größtenteils unberührte Naturlandschaft, geringe Besiedlung und eine eher mittelständisch strukturierte Wirtschaft. Die Verbindung zwischen diesen beiden ungewöhnlichen Wirtschafts- und Lebensräumen bildet der Kreis Wesel, der von beiden etwas in sich vereinigt: Er ist sowohl vom Bergbau und der Industrie geprägt – dies erinnert an die Verhältnisse im Duisburger Raum –, verfügt aber auch über ähnlich unberührte Naturlandschaften, wie sie den Kreis Kleve auszeichnen.
Ist es angesichts solcher Unterschiede überhaupt möglich, von einem einheitlichen Raum zu sprechen? Und verstehen sich die einzelnen Teilräume denn als Teile des gemeinsamen Ganzen: „Niederrhein"?
Die Antwort wäre noch vor nicht langer Zeit viel weniger zustimmend ausgefallen. Heute kann man jedoch mit Fug und Recht von einem Zusammengehörigkeitsgefühl der Niederrheiner sprechen, von einer allgemein akzeptierten Einsicht, daß Fortschritt nur im Miteinander möglich ist und auch nur dann, wenn die Region an einem Strang zieht und mit einer Stimme spricht. Dann gerade erweist sich die Unterschiedlichkeit der Teilräume als ihre Stärke, ermöglicht eine Spezialisierung und führt zu einer sinnvollen Ergänzung.
Daß der Niederrhein die Region ist, in der Rhein und Ruhr zusammenfließen, wissen viele. Verständlich, da der Niederrhein Teile des Ruhrgebietes und Teile der Rheinschiene in sich vereint.

Grenzlage und Bindeglied

Was wenige wissen ist, daß der Niederrhein eine der Grenzregionen des Bundesgebietes ist. Denn der Kreis Kleve weist eine 138 km lange Grenze zu den Niederlanden auf. Seine Grenzlage hat sich aber nicht in einer

Beschneidung der Entwicklungsmöglichkeiten ausgewirkt, sondern ihm neue, öffnende Impulse gegeben. Die zunehmende Liberalisierung innerhalb der Europäischen Gemeinschaft hat seine Grenze durchlässig gemacht und zu einer starken Verzahnung des Niederrheins mit den niederländischen Nachbarn, aber auch mit Belgien geführt. Aus einer beklagten Randlage ist mittlerweile beneidenswerte Zentralität geworden.
Dieser Wirtschaftsraum ist Drehscheibe der Güterströme zwischen der Bundesrepublik Deutschland und den an der Rheinmündung gelegenen Wirtschaftszentren Belgiens und der Niederlande. In ihn setzen vor allem niederländische Investoren zunächst ihren Fuß, wollen sie sich in der Bundesrepublik niederlassen.
Fast jeder vierte Niederländer, der seinen Sitz in Nordrhein-Westfalen hat, ist am Niederrhein zu Hause. Aber auch diese Entwicklung ist gar nicht so neu: Nie-

An keinem anderen Ort in Westeuropa gibt es eine vergleichbare Konzentration von Industrieanlagen wie im Duisburger Raum, denn die Schwerindustrie verfügt hier über den besten Standort des Kontinents.

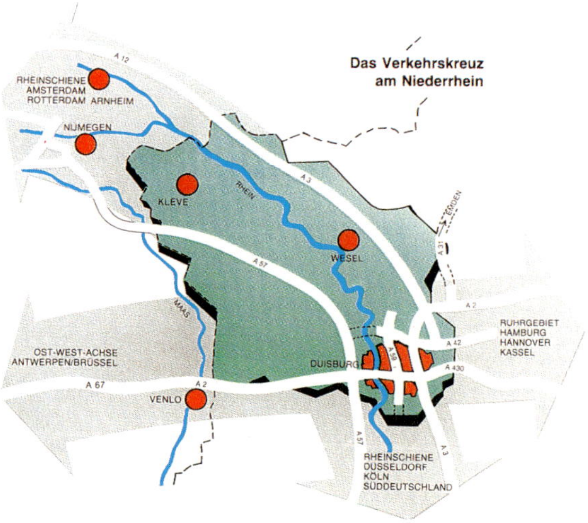

Große Handelswege kreuzen sich am Niederrhein seit hanseatischer Zeit. Dieser Raum ist Knotenpunkt im internationalen Schiffahrts- und Eisenbahnverkehr. Und ebenso bündeln sich am Niederrhein die nach Norden und Süden gerichteten Autobahnen mit denen der kontinentalen Ost-West-Achse.

derrhein und Niederlande weisen über Jahrhunderte hinweg eine gemeinsame Geschichte auf, die erst im Gefolge des Wiener Kongresses beendet wurde.

Schnittpunkt kontinentaler Verkehrsachsen

Der Niederrhein liegt im Herzen Europas und im Schnittpunkt der beiden großen kontinentalen Verkehrsachsen. Seine zentrale Lage macht ihn zu einer Transit-Region von internationaler Bedeutung: Hier bündeln sich – gemeinsam mit den parallel zum Rhein verlaufenden Verkehrsadern im Schienen-, Fernstraßen- und Pipeline-Netz – die strukturgestaltenden Kräfte der internationalen Rheinschiene. Diese Rheinschiene erstreckt sich vom Ärmelkanal bis Südeuropa; und sie verbindet sich hier mit dem von Paris über Belgien kommenden transkontinentalen Wachstumsgürtel, der im Duisburger Raum den Rhein überquert und weiter bis nach Skandinavien und Osteuropa führt.

Ungewöhnliche Verkehrsdrehscheibe

Sowohl für die Binnenschiffahrt als auch für die Rhein-See-Schifffahrt ist der Niederrhein der beste Standort in der Bundesrepublik Deutschland und im gesamten westlichen Binnenland. Der Lastenträger Rhein macht den Niederrhein zum „Küstenstandort" in Nordrhein-Westfalen. Eine ausgezeichnete Fernstraßen-Anbindung an das In- und Ausland bringen ihm darüber hinaus weitere Pluspunkte als bevorzugte Transit-Region und ebenso der grenzüberschreitende Eisenbahnverkehr zwischen der Bundesrepublik Deutschland und den Niederlanden: Mehr als die Hälfte aller Reisenden und ebenfalls des Güterverkehrs entfällt auf den Niederrhein.
Eine zentrale Stellung im Schienennetz der Bundesbahn nimmt die Stadt Duisburg als Knotenpunkt ein. Die Verfügbarkeit der S-Bahn für den Nahverkehr zum be-

nachbarten mittleren Ruhrgebiet, aber auch zur Landeshauptstadt Düsseldorf verdeutlicht die Vorteile dieses Ballungsraumes, dem überdies auch die Flughäfen Düsseldorf und Amsterdam vor der Haustür liegen.
Dieses Bild einer pulsierenden Drehscheibe wird durch eine Vielzahl von Pipelines und anderen Energie-Transportadern komplettiert, die mit dazu beigetragen haben, den Niederrhein zu einem der bedeutendsten Energie-Versorgungszentren des Landes zu machen. So ist er weit mehr als ein ausschließlich industriell geprägter Standort: Er ist ein Zentrum des deutschen und internationalen Waren- und Dienstleistungsaustausches. Er ist der Standort von weltweit tätigen Handels-, Verkehrs- und Dienstleistungsunternehmen. Er ist der größte Güterumschlagsplatz, denn nirgendwo im Bundesgebiet wird sowohl per Schiff als auch per Bahn annähernd so viel umgeschlagen wie im Duisburger Raum. Aber er ist auch in der Landwirtschaft, sowohl nach Fläche als auch nach Leistung und Wirtschaftskraft, vorbildlich: Allein in der Weidewirtschaft und Blumenzucht entstehen beispielweise Produkte für das ganze Bundesgebiet.
Über 30 Milliarden Mark Brutto-Wertschöpfung wird von den niederrheinischen Unternehmen erwirtschaftet, die in vielen Branchen zur Spitzengruppe zählen: Es sind Unternehmen aus Bergbau, Industrie, Handel, Verkehr, aus Dienstleistungen und Landwirtschaft.

Fernost findet sich am Niederrhein in vielfältiger Weise; der Austausch von Know-how bringt enge Kontakte zu einem ständig bedeutender werdenden Wirtschaftsraum.

Weltoffenheit in den wirtschaftlichen Perspektiven

Eurozentralität und Internationalität haben die Struktur dieser Region geprägt. Selbst Fernost trägt aus der Sicht des Niederrheins nicht das Etikett „Fern“. Schließlich war es Duisburg, die als erste deutsche Stadt im Jahre 1982 eine Städte-Partnerschaft mit Wuhan in der Volksrepublik China abschloß. Auch die Gründung deutsch-chinesischer Gemeinschaftsunternehmen legt eindrucksvoll Zeugnis dieser Kooperation ab. Aber nicht allein China, auch Japan gewinnt für den Niederrhein eine immer größere Bedeutung. Schließlich liegt Düsseldorf, das japanische Zentrum in der Bundesrepublik, ganz in der Nähe. Dutzende niederrheinische Unternehmen arbeiten bereits mit japanischen Unternehmen eng zusammen. Die wachsende Zahl von japanischen Direktinvestitionen, von Verflechtungen zwischen niederrheinischen und ostasiatischen Unternehmen spricht eine deutliche Sprache.

High-Tech – auch am Niederrhein

Wo „Krise" kein Fremdwort ist, da ist sie auch zu meistern. Der Niederrhein hat es schon oft bewiesen. Daß innovatives und kreatives Potential in den Unternehmen vorhanden ist, wird bei der Vielzahl zukunftsträchtiger Produkte, die hier entstehen, deutlich. Die Chance dieser Region besteht jedoch nicht darin, zu einem Zentrum der Mikrochip-Produktion zu werden. Ihre Chance liegt vielmehr darin, sich zu einem Zentrum der Mikrochip-Anwendung zu entwickeln.
Denn entscheidend neben der Entwicklung neuer Produkte und Verfahren ist der Einsatz neuer Techniken in bestehende Produkte, ist die Verbindung der „klassischen" Mechanik mit der „modernen" Mikroelektronik. Und wer auf diesem Klavier spielen kann, der hat im internationalen Wettbewerb die Nase vorn.
Daß dies das Gebot der Stunde ist, das haben die Unternehmen des Niederrheins längst erkannt. Hilfreich dabei war die Neugründung der Universität Duisburg, die auf vielen Gebieten in ihren Forschungsarbeiten internationale Anerkennung erlangt hat. Durch intensive Zusammenarbeit zwischen Universität und Wirtschaft gelingt es, die Bedingungen universitärer Arbeit zu verbessern und konkrete Schritte zur Modernisierung der heimischen Wirtschaft zu ergreifen. Neue Impulse für die Region kommen auch vom Fraunhofer- Institut für mikroelektronische Schaltungen und Systeme und von den beiden, teilweise im Aufbau befindlichen, Technologiezentren Duisburg und Kleve. Es gilt, Hochschule

rechts
Aus den Arbeiten des Fraunhofer-Instituts: Feine Meßspitzen erlauben dem Forscher den Zugang zum wenige Millimeter großen Chip. Die Strukturen dieses Schaltkreises liegen im Größenbereich von Tausendstel Millimetern.

Ein Schubverband mit 10 000 Tonnen Kohle auf dem Weg vom Duisburger Hafen nach Rotterdam.

und Forschung noch enger mit der Wirtschaft zu verzahnen. Genauso wichtig ist es aber, durch eine breitgefächerte Aus- und Weiterbildung dafür Sorge zu tragen, daß das Qualifikationsniveau der Erwerbstätigen mit den sich rasch wandelnden Anforderungen durch neue Techniken Schritt hält. Und das ist eine Aufgabe, deren Bedeutung sich die Niederrheiner bewußt sind und bei deren Bewältigung bereits große Fortschritte zu verzeichnen sind.

Sorgen durch Strukturprobleme

Die Einbrüche bei Kohle und Stahl haben dem Wirtschaftsraum an Rhein und Ruhr tiefe Narben zugefügt. Denn obwohl die Bergbauanlagen des Niederrheins zu den wirtschaftlichsten des Bundesgebietes gehören und Hüttenwerke am Rhein gar zu den modernsten der Welt zählen, kam es – nicht zuletzt durch Auswirkungen einer Fülle von Fehlleistungen auf allen Ebenen der Politik – zu erheblichen Verlusten an Arbeitsplätzen und an Wirtschaftskraft, zu nachlassender Finanz- und Steuerkraft der niederrheinischen Kommunen und nicht zuletzt zur Abwanderung vieler Tausender von Menschen, die ihre Zukunft außerhalb dieses Wirtschafts- und Lebensraumes suchten. Diese Probleme

haben tiefe Einschnitte in der Region hinterlassen und finden ihr Spiegelbild in einer überdurchschnittlich hohen Arbeitslosigkeit.
Ein erheblicher Teil der strukturellen Krise des Niederrheins hat politische Ursachen. Daher ist auch und gerade die Politik gefordert, der Region beizustehen und im kooperativen Miteinander das industrielle Potential des Niederrheins zu aktivieren. Denn darin liegt der Schlüssel zur wirtschaftlichen Zukunft des Niederrheins: Nur eine wachsende Industrie eröffnet auch auf dem Dienstleistungssektor neue Chancen, nur eine wachsende Industrie läßt neue Arbeitsplätze entstehen. Aufbauend auf den günstigen industriellen Standortbedingungen muß es gelingen, die Struktur im produzierenden Gewerbe weiter zu verbessern und so auch die interregionale Wettbewerbsfähigkeit zu erhöhen.
Es gilt, diesen ungewöhnlichen Wirtschafts- und Lebensraum so zu sehen, wie er ist, und Vorurteilen entgegenzuwirken, mit denen das Image des gesamten Ruhrgebietes und damit auch wesentlicher Teile des Niederrheins belastet ist. Es gilt deutlich zu machen, welche Fortschritte in bezug auf Lebensqualität und Umweltschutz gemacht wurden und wie attraktiv das vorhandene Kulturangebot dieser Region ist.
Es ist gewiß etwas Besonderes um diesen ungewöhnlichen Wirtschaftsraum, der mit seinen zwei Gesichtern so vielseitig ist. Dennoch: Die notwendige Erneuerung der Region ist Gemeinschaftsaufgabe für alle, die am Niederrhein Verantwortung tragen. Durch Besinnen auf die eigenen Kräfte, durch Gemeinsamkeit im Denken und Handeln innerhalb der Region, durch flankierende Hilfen von außen. Es gilt, den Weg für die Zukunft zu bereiten.

Dr. Wolf Aengeneyndt

Jeder dritte Industriebeschäftigte der Region arbeitet in einem Unternehmen der modernen Duisburger Eisenhüttenindustrie.

Ruhr und Niederrhein

Landschaft und regionales Selbstverständnis

Wenn man in Düsseldorf geboren ist und den Niederrhein vor Augen hat, dann ist einem manchmal wunderlich zumute. Eine Landschaft zwischen Hoffen und Bangen.
Von Max Clarenbach, dem Sohn der berühmten Düsseldorfer Malerschule des vorigen Jahrhunderts, stammen die ersten Bilder, die dann eine lange Tradition begründeten. Der Rhein, seine flache Landschaft, verkrüppelte Weiden am Wasser sind die Motive. Ein bißchen melancholisch sind sie schon, diese Bilder. Das liegt wohl daran, daß der Niederrhein kein Riviera-Klima hat, das Wetter im späten Herbst und Winter „uselig" ist und die Mäntel klamm werden.
Zu den Pessimisten zählt der niederrheinische Menschenschlag aber nicht. Er ist mit den Realitäten des Alltags sehr vertraut, was manch ein Pferdehändler auf dem platten Land bei seinen Geschäften schon erfahren mußte. Man sieht es auch den alten Häusern an, die vereinzelt in der Landschaft liegen und ein Beispiel geben für gute, solide Handwerkskunst.
Auch an Ideen und an zupackender Art, wenn es im wahrsten Sinne des Wortes um die Wurst geht, hat es der Region nie gefehlt. Die Industrie-Geschichte der letzten 100 Jahre des Raumes Duisburg belegt eindrucksvoll, daß hier helle Köpfe am Werke waren. Krisen gab es ja genug, sowohl im vorigen Jahrhundert als auch heute. Auch Rückschläge gab es reichlich. Aber Bürger und Wirtschaft haben immer wieder einen neuen Weg nach vorn gefunden. Aus dem kleinen Duisburg wurde innerhalb von 100 Jahren die stolze Stadt Montan, die zwar in den letzten Jahren etwas weich in den Knien geworden ist, sich aber dennoch nicht unterkriegen läßt.

Gehört Duisburg auch zum Ruhrgebiet? Obwohl die Ruhr bei Duisburg in den Rhein fließt, hat man hier das Kohlenpott-Image nie geliebt. Schon aus dem 20 km entfernten Essen sieht dieses „Problem" ganz anders aus. Das macht den Reiz des sehr persönlichen Beitrages von Arnold Gehlen („Neue Ruhr Zeitung") aus. Er kennt die Ruhrgebietsanimosität der Duisburger und mehr noch der naheliegenden Niederrhein-Städte. Mit den Augen des Außenstehenden sieht er die Region und ihre Schönheit. Man merkt, er kennt sie nicht nur, er liebt sie.

links
Kolk in Rindern
Das Ölgemälde von Josef Mooren (geboren 1885 in Kleve) zeigt eine typische Niederrhein-Landschaft im Klever Raum. Das Bild befindet sich im Besitz des Städtischen Museums Haus Koekkoek, Kleve.

Hier, am Zusammenfluß von Ruhr und Niederrhein, ist ein wirtschaftliches Kraftfeld entstanden, das in seiner Bedeutung und Vielfalt seinesgleichen sucht.

Im Schnittpunkt zweier Regionen

Man fragt sich oft, was es eigentlich mit dieser Stadt Montan auf sich hat. Mal war sie stolz darauf, ein Teil des Ruhrgebietes zu sein, mal versuchte sie, sich von dem Ruß-Image des Kohlenpottes zu lösen und auf die Rheinschiene zu schielen. An der Substanz hat das nichts geändert.
Also was ist diese Stadt denn nun – doch ein Teil des Ruhrgebietes? Selbstverständlich! Wenn Kohle und Stahl heute überhaupt noch eine Bedeutung haben, so wird sie in Duisburg dokumentiert. Hier wird der meiste Stahl gemacht, am Niederrhein wird die meiste Kohle gefördert – nach wie vor.
Wenn das aber so ist, dann muß man auch ein paar Worte über das Ruhrgebiet verlieren. Wer von außen auf das Revier blickt, hat oft eine falsche Optik. Das

Klagelied ist bekannt: Dreck, Maloche, Kohlenhalden, dieses Klischee hat sich so stark ins Gedächtnis der Bundesbürger eingegraben, daß es noch lange Zeit braucht, um es zu ändern. Das Vorurteil gegenüber dem Ruhrgebiet hinkt um Jahrzehnte hinter der – inzwischen ganz anderen – Wirklichkeit her.
Die Bewohner des Reviers wissen, was das heißt; schließlich haben auch sie die Fernsehserie „Rote Erde" gesehen, in der das Revier tatsächlich noch mehr oder weniger ein Dreckloch war, wo die Fördertürme und die Hochöfen ihre Schatten warfen, nicht nur über Land und Leute, sondern auch über die Rathäuser.
Es hat lange gedauert, bis die Menschen und die Leute in den Rathäusern begriffen haben, daß sie sich zu unabhängigen Gemeinwesen entwickeln mußten. Mit anderen Worten: Die Menschen an der Ruhr, die aus allen Himmelsrichtungen hierher gekommen waren, und auch die Rathäuser mußten in nur wenigen Jahrzehnten einen Emanzipationsprozeß durchlaufen, für den die rheinischen Metropolen ein paar Jahrhunderte Zeit hatten. Für die Wirtschaft in Köln und Düsseldorf war eine selbstbewußte Bürgerschaft schon im vorigen Jahrhundert selbstverständlich. Für die Wirtschaft an der Ruhr kam die Einsicht ziemlich spät, und es soll ja heute noch Unternehmen geben, die sich immer noch nicht daran gewöhnt haben, daß aus den Malochern aufgeklärte Wirtschaftsbürger geworden sind, mit denen man einen anderen Umgangsstil pflegen muß.
Fragt man danach, was in der krisen-gebeutelten Region in den vergangenen 30 Jahren seit Beginn der Kohlenkrise 1957 eigentlich passiert ist, so muß man sagen: Eine ganze Menge!

Das Ruhrgebiet gehört nicht zum alten Eisen

Die großen Unternehmen, die einmal auf den klassischen Säulen Kohle und Stahl gegründet wurden, haben längst neue Wege beschritten. Mannesmann, Thyssen und Krupp zum Beispiel sind heute moderne Kon-

Das Siegel der Duisburger Universität greift auf die Universitätstradition Duisburgs aus den Jahren 1655 bis 1818 zurück.

zerne, in deren Werkshallen und neuen Tochter-Unternehmen kaum noch Produkte hergestellt werden, die älter sind als zehn Jahre. Der Maschinenbau ist Spitzenklasse. Unmerklich für die breite Öffentlichkeit hat sich die Produktionspalette verändert.
Das Ruhrgebiet hat heute eine ausgezeichnete Infrastruktur. Auch ein vielfältiges kulturelles Leben hat sich entwickelt. Vor allem aber ist eine Universitätslandschaft entstanden, deren erste Früchte wir allmählich ernten können.
An der Universität wurden, ebenso wie in den Duisburger Unternehmen, während der letzten Jahre neue Forschungsinstitute errichtet. In dieser Stadt hat die Universitäts-Idee schon Tradition, denn von 1655 bis 1818 hatte sie schon einmal eine Universität gehabt, klein, aber fein. Die neue Universität mit heute 11 000 Studenten sollte für die Niederrhein-Region zu einem wichtigen Symbol des Strukturwandels werden. Das war nicht leicht, wie man u. a. an der schwierigen Geburt des Fraunhofer-Instituts für Mikro-Elektronik ablesen kann.

Duisburg und der Niederrhein in einem Boot

Es bleibt die alte und immer wieder neue Frage: Ist der Niederrhein eine Region? Gibt es etwas wie ein Niederrhein-Bewußtsein? Manchmal kann man daran zweifeln. Die Niederrheiner sind nicht nur in jeder Hinsicht standfeste, sondern auch heimatverbundene Menschen. Das gilt auch für die Zugereisten. Sie versammeln sich sehr gerne um ihren eigenen Kirchturm, feiern kräftig ihre Feste, machen gerne Geschäfte. Um die Fröhlichkeit zu fördern, steht ihnen sogar eine ganze Reihe alteingesessener und hervorragender Bier-Brauereien zur Verfügung. Aber das Bekenntnis, daß sie gemeinsam mit der Stadt Duisburg zur Region Niederrhein gehören, fällt manchem schwer.
Das mag an der Geschichte liegen. In Kleve saß einmal ein Herzog auf der Burg, Moers war eine Grafschaft,

Wesel eine Festung, Xanten ist eine Gründung der alten Römer, Duisburg gehörte einmal zur Hanse. Aber der Ruf Duisburgs, eine alte Stadt zu sein, wurde sehr lange, allzu lange, von den Begleiterscheinungen der industriellen Revolution um die Jahrhundertwende verdeckt. Wenn das alles zusammenwachsen soll, wird man viel Geduld haben müssen.
Nur langsam begreifen die Niederrheiner, daß sie mit Duisburg in einem Boot sitzen. Die Stadt Montan, die diesen Titel gerne vergessen möchte, tatsächlich aber nach wie vor eine Stadt Montan ist, erscheint in den Augen der Niederrheiner nicht gerade als eine feine Adresse. Zu sehr verbindet sich mit Duisburg die Vorstellung von harter Arbeit, großer Industrie und dem dazugehörigen Dreck. Kommt hinzu, daß die Stadt in den letzten Jahren auch noch von der Stahlkrise heimgesucht worden ist, was weder den Stadtfinanzen noch dem guten Ruf Duisburgs bekömmlich war. Auch die stolzen Zeiten des größten Binnenhafens Europas, als die Massengüter Erz, Kohle, Stahl und Getreide in unvorstellbaren Mengen verfrachtet wurden, sind vorbei. Glücklicherweise hat Duisburg selbst erkannt, worum es geht. Wenn man auch nicht gerade behaupten kann, daß die Zugewinne von Rheinhausen, Homberg und

Im Klever Museum Haus Koekkoek befindet sich ein Tafelbild, das einst im Rathaus hing. Das Ölgemälde von Hendrik Veltmann (um 1640) zeigt vor dem Hintergrund des Klever Panoramas die sechs klevischen Herzöge des 15. und 16. Jahrhunderts in zeitgenössischer Darstellung.

Der Markt in Dinslaken: ein Beispiel für gelungenen Städtebau.

Walsum durch die kommunale Neuordnung der Stadt gut getan haben, so verfolgt sie heute doch eine Nachbarschafts-Diplomatie, die zu einem besseren Regions-Bewußtsein führten könnte.
Trotz Krisen und trotz knapper Kassen hat sich die Stadt im Zentrum fein gemacht – so wie es ja auch die anderen Städte am Niederrhein getan haben. Die Zentren von Moers und Kleve zum Beispiel sind heute Musterbeispiele behutsamer Stadtentwicklung. Da wurden keine Beton-Orgien gefeiert, sondern es wurde in menschlichen Maßstäben Stein auf Stein geschichtet. Dasselbe läßt sich auch von Geldern und Emmerich, Wesel und Dinslaken sagen. Obwohl sie es auf ihre Art viel schwerer hatten. Wesel war nach dem Krieg praktisch von der Bildfläche verschwunden. Dinslaken lag immer im Einflußbereich des Ruhrgebietes, wo heute eine Menge Bausünden zu besichtigen sind.

Die Region wird durch ihre Menschen geprägt

Wer sich mit der Region beschäftigt, muß auch nach Köpfen und Menschen fragen. Hans Richter war solch ein Kopf, der frühere Oberkreisdirektor des alten Kreises Dinslaken. Er leitete mit realistischem Blick für die Zukunft die Entwicklung eines neuen Industriegebietes an der Lippe ein. Sein Nachfolger, Dr. Horst Griese, der heute Verwaltungschef des neuen Kreises Wesel ist, gelangte auf seinen langen Werbereisen für die Förderung des Lippe-Gebietes bis nach Oakland an der Bucht von San Francisco.
Wenn auch nicht alle Träume in Erfüllung gingen und es Rückschläge gab – zum Beispiel die Schließung der BP-Raffinerie –, so hat die Industrialisierung der Region doch zu einem unglaublichen Aufschwung der umliegenden Gemeinden geführt. Wie sah es zum Beispiel in Hünxe und Voerde vor 20 Jahren aus? Die Entwicklung verlief so schnell, daß man heute schon in die Archive steigen muß, um sich ein Bild von der Zeit zu machen, die kaum eine Generation zurückliegt.

Bleibt der Pfeil im Fleisch, der Orsoyer Rheinbogen. Jahrelang hat er die Gemüter am Niederrhein erhitzt. Die Verfechter von Industrie-Ansiedlungen auf diesem großen flachen Acker wollten nicht unbedingt eine groß-industrielle Anlage dort haben, wohl aber ein zweites großes Experiment nach dem Beispiel an der Lippe-Mündung. Sie hatten dabei nicht unbedingt das Wohl und Wehe von Unternehmen im Auge, wohl aber das Angebot neuer Arbeitsplätze.
Dieses Argument ist auch heute noch nicht so ohne weiteres von der Hand zu weisen. Man muß nur einmal den Arbeitsämtern am Niederrhein einen Besuch abstatten und dort mit den Menschen sprechen, die ohne Arbeit sind und wenig Hoffnung auf einen neuen Job haben. So viele mittelständische und kleine Unternehmen gibt es nämlich am Niederrhein nicht, weder alte noch neue, als daß sie die große Zahl von Menschen aufnehmen könnten, die in den letzten Jahren während der Krise von der Montan-Industrie freigesetzt worden sind.
Ohne den Orsoyer Rheinbogen hat das Argument von der Rheinschiene, das 1963 von der Prognos AG gefunden worden ist, viel an Attraktivität verloren. Dem Programm der Arbeitsplatzbeschaffung ist auch heute mit dem alten niederrheinischen Spruch ,,es hat nicht sollen sein" nicht beizukommen. Wenn der Orsoyer Rheinbogen trotz seiner hervorragenden Lage für neue Industrie-Ansiedlungen nicht in Frage kommt, müssen andere Flächen gefunden werden. Denn eines ist klar: Auch die Industrie-Brache, die vor zehn Jahren noch als ideale Fläche für Neuansiedlungen gepriesen wurde, bringt es nicht. Wer weiß schon, was im Boden steckt? Wer möchte schon auf einem Haufen Altlasten sitzen, deren gefährliche Beschaffenheit sich möglicherweise erst nach vielen Jahren herausstellt?
Es mag viele Menschen erfreuen, daß Natur- und Umweltschutz im Orsoyer Rheinbogen einen großen Sieg errungen haben. Die Frage nach neuen Arbeitsplätzen am Niederrhein bleibt weiterhin bestehen. So ist die Region nach wie vor eine Landschaft zwischen Hoffen

Der Duisburger Raum ist ein Zentrum des Stahl- und Anlagenbaus. Vielfältige Investitionen tragen zur Bewältigung des Strukturwandels bei.

In Moers sind die Elemente der Geschichte erhalten geblieben und baulich so umgewandelt worden, daß sie den Bedürfnissen modernen Zusammenlebens gerecht werden.

und Bangen. Bangen darum, daß der Montan-Standort Duisburg, von dem so viele Menschen nicht nur in der Stadt, sondern auch am Niederrhein leben, noch weiter in die Knie geht. Hoffen darauf, daß die Köpfe der Industrie weiterhin nach neuen Produkten und neuen Märkten Ausschau halten. Hoffen auch darauf, daß zu den altbewährten Köpfen neue hinzukommen. Auch dafür gibt es Beispiele: Claus-Eberhard Franke, Paul Friedhoff und Heinz Oppers, um nur einige Namen zu nennen.

Fangen wir mit Heinz Oppers an. Der ehemalige Baudezernent und spätere Stadtdirektor von Moers hätte es verdient, weit über die Grenzen der Stadt und des Niederrheins hinaus bekannt zu werden. Es gibt Leute, die hätten ihm sogar den UNESCO-Preis für die Wiederherstellung alter Bau-Substanz in der Moerser Innenstadt gegönnt. Aber wie das so ist: Moers und Oppers haben sich gleichermaßen nicht so wichtig genommen. Was aber die Stadt und ihr Baudezernent in den zurückliegenden Jahren für die Wiederherstellung des alten Kerns getan haben, ist großen Respekt wert. Wer durch die Moerser Innenstadt schlendert und erfahren will, wie dieses neue Kleinod im alten Gewand zustande gekommen ist, der kann keinen besseren Fremdenführer als Heinz Oppers selbst finden. Da kann es Besuchern passieren, daß sie staunend vor einer Bieder-

meier-Fassade aus dem vorigen Jahrhundert stehen bleiben; Sachkundige aber wissen, daß die Fassade höchstens ein paar Jahre alt ist.
Es bedurfte des leidenschaftlichen Engagements und großer Überredungskunst des Baudezernenten, Grundeigentümer und Bauherren mit den alten Plänen aus den Archiven bekannt zu machen und sie zu veranlassen, ihr Haus nicht nur nach den Grundsätzen der Wirtschaftlichkeit, sondern auch nach den Regeln des Denkmalschutzes wieder aufzubauen, immer nach dem Motto ,,Wie es drinnen aussieht, geht niemand etwas an''. Dort durfte es ruhig nach den Erkenntnissen moderner Installation und Flächennutzung zugehen. Das Ergebnis: Die Altstadt von Moers ist heute ein Kleinod, an dem die Bürger hängen und das jeden begeistert, der dort hingekommen ist. Gäbe es mehr solche Talente vom Schlage Heinz Oppers in deutschen Landen, sähen viele vermurkste Innenstädte heute anders, will heißen besser, aus.
Der Niederrhein hält eben selbst für Alteingesessene, die sich lieber in der weiten Welt tummeln als ihre eigene Heimat einmal zu besichtigen, viele Überraschungen bereit.
Ein anderes Beispiel ist Paul Friedhoff. Er paßt auf den ersten Blick an jeden Stammtisch, hat aber eine Menge Ideen, die er in großen amerikanischen Computer-Firmen entwickelt hat. Seine Firma Spectro sitzt in Kleve, und jeder fragt sich, wie um Gottes willen Paul Friedhoff dahin gekommen ist. Kleve ist ja nicht gerade als Computer-Zentrum bekannt. Die Versuche von Paul Friedhoff, in der Stadt der Schwanenburg ein Technologie-Zentrum ins Leben zu rufen, hatten bisher auch noch nicht ganz den erhofften Erfolg.
So ist der Firmensitz von Spectro in Kleve nicht etwa der Initiative der Stadt, sondern dem puren privaten Zufall zuzuschreiben. Vor Jahren lebte Paul Friedhoff in Siegen und hatte einen Job in Amsterdam. Die Fahrerei wurde nicht nur ihm, sondern auch seiner Frau zuviel. So einigten sie sich auf einen neuen Wohnsitz, möglichst nahe bei Amsterdam, aber nicht in Holland,

High-Tech vom Niederrhein: Konstruktion, Montage und weltweiter Vertrieb spektralanalytischer Meßgeräte in Kleve. Die hier auf den Markt gebrachten transportablen Spektrometer zur Analyse von Metall-Legierungen haben einen Weltmarktanteil von 70 Prozent.

Papier vom Rhein für Europas Drukker. Mit einem Investitionsaufwand von 500 Millionen Mark wurde in Duisburg-Walsum eine der modernsten Papiermaschinen der Welt in Betrieb genommen. Die zentrale Lage des Werkes in Westeuropa und die günstige Infrastruktur des Niederrheins machen das Werk zum idealen Standort mit kurzen Verkehrswegen zu den europäischen Kunden.

also in Kleve, nahe der Grenze. Hier machte sich Paul Friedhoff vor einigen Jahren selbständig, hatte mit neuen Geräten der Metallanalyse mit Hilfe von Computern Erfolg und ist heute ein angesehener Mann, der ein zweites Bein in Fitchburg bei Boston, nahe der Ostküste der USA, hat. Er unterhält Produktionen in Berlin und in Sprockhövel bei Witten an der Ruhr und verkauft seine Geräte inzwischen auch in Japan, Taiwan und China.

Man möchte meinen, daß solch ein Kopf für den Niederrhein Gold wert ist. Denn er tut das, was die Region dringend braucht: Er beschreitet mit seiner Firma den Weg moderner Hochtechnologie und hat auch noch einen hochentwickelten Sinn für das Allgemeinwesen. Solche Leute sind Mangelware, werden dringend gebraucht. Man kann ihm in Kleve nur die Daumen drükken, obwohl er wahrscheinlich an dem konservativen

Standort der falschen Partei angehört. Als FDP-Mitglied hat man es natürlich in einer CDU-Hochburg sehr schwer.
Noch ein bemerkenswerter Kopf sitzt ausgerechnet in Walsum, das bis zur Eingemeindung nach Duisburg eine selbständige kleine Bergbau-Stadt war. Wir meinen Claus-Eberhard Franke. Der Mann heißt nicht nur Franke, er kommt auch aus Franken, was bekanntlich zu Bayern gehört.
Was macht ein Bayer am Niederrhein, wo doch ständig in den Gazetten vom Süd-Nord-Gefälle die Rede ist? Nun, er ist seit über 20 Jahren Chef von Haindl Papier und hat erst 1985 den Grundstein für eine der größten Papier-Fabriken Europas in Walsum gelegt. 450 000 Tonnen feinen Papiers verlassen jedes Jahr diese neue Fabrik. Und wenn man Claus-Eberhard Franke fragt, warum er gerade in Walsum gebaut hat, dann singt er das hohe Lied der Rheinschiene als dem Standort-Vorteil Nummer eins. Er kann die Rohstoffe aus Skandinavien und England über den Rhein anfahren und einen großen Teil seines starken Exports über den Rhein wieder wegschicken. Kommt hinzu, daß der Schacht Walsum und das dazugehörige Elektrizitätswerk ihm kostengünstig Energie liefern.
So fühlt sich ein Mann wie Claus-Eberhard Franke mitten in der Bannmeile von Duisburgs Schloten pudelwohl: Ein lebendes Dementi für alle Horror-Geschichten, die über das Ruhrgebiet und Duisburg seit langer Zeit verbreitet werden.

Gemeinsam handeln

Auch in der Duisburger Industrie- und Handelskammer weiß man genau, daß in der Zeit, in der wir leben, niemand mehr für sich allein agieren kann. Wichtige Unternehmens-Entscheidungen können nicht mehr im stillen Kämmerlein getroffen werden. Nicht nur die Umweltschützer, vor allem die aufgeklärten Wirtschaftsbürger wollen wissen, wohin die Reise geht. Öffentlichkeit ist gefragt und nicht Geheimniskrämerei.

Heimstätte von Meisterwerken internationaler Plastik. Das in seinem Inneren reich gegliederte Wilhelm-Lehmbruck-Museum im Kantpark (Bildmitte) ist durch eine klare Linienführung gekennzeichnet.

Die Gesellschaft, in der wir leben, braucht Öffentlichkeit und das ständige Gespräch. Das Heil beim Wandel kann nicht von den zahlreichen öffentlichen Händen erwartet werden. Eine Region, die überleben will, braucht Gespräche und neue Kontakte, nicht nur wirtschaftliche, sondern auch kulturelle und politische.
Die Stadt Duisburg ist eigentlich auf einem guten Weg, sonst würde man zum Beispiel nicht über das Lehmbruck-Museum und seine Mäzene reden und auch nicht darüber, wie eng der Kontakt inzwischen zu China ist. Von der berühmten Weltoffenheit, die in vergangenen Jahrhunderten die Hanse-Städte ausgezeichnet hat, ist Duisburg zwar noch ein paar Meilen entfernt, aber was nicht ist, kann ja noch werden. Dasselbe gilt natürlich für die ganze niederrheinische Region, die, was man nicht vergessen darf, an die Niederlande grenzt.

Internationale Zusammenarbeit als Zukunftsperspektive

Der ehemalige Bundespräsident Gustav Heinemann sprach einmal von einem neuen europäischen Kraft-Zentrum im Dreieck Rotterdam-Dortmund-Antwerpen. Damit hatte er der Zukunft weit vorgegriffen. Wer aber an ein Europa ohne Grenzen glaubt und hofft, daß dieses Europa noch vor der Jahrtausendwende zustande kommt, muß sich auch mit solchen Entwicklungen beschäftigen, die noch weit in der Zukunft liegen. Vielleicht wird es diese Delta-Stadt Rotterdam–Dortmund-Antwerpen eines Tages tatsächlich geben. Dann läge die Region Niederrhein mittendrin.
Man muß den Mut zur Phantasie haben und sich einmal vorstellen, was eigentlich passieren könnte, wenn die nationalen Grenzen zwischen dem größten Industrie-Zentrum Europas an Rhein und Ruhr auf der einen Seite und Holland und Belgien auf der anderen Seite endgültig fallen. Wer die USA kennt und die Entwicklung in diesem Riesenland vor Augen hat, der kann sich ungefähr denken, was passiert.

Ein typisches Beispiel: Nach dem Kriege erlebte der Staat Massachusetts an der Ostküste nördlich von New York einen wirtschaftlichen Niedergang ohnegleichen durch den Zusammenbruch der traditionellen Leder-Industrie. Was Massa, wie die Amerikaner den Staat nennen, tatsächlich gerettet hat, war das große Universitäts-Zentrum Boston/Cambridge. Heute ist die Region Boston als das einzige große innovative Computer-Zentrum außerhalb Kaliforniens weltbekannt. Wer als Manager seinen Weg machen will, der benutzt einen Abschluß des Massachusetts-Institut for Technology (MIT) als bevorzugte Eintrittskarte in die Management-Etage der größten und besten Weltunternehmen.

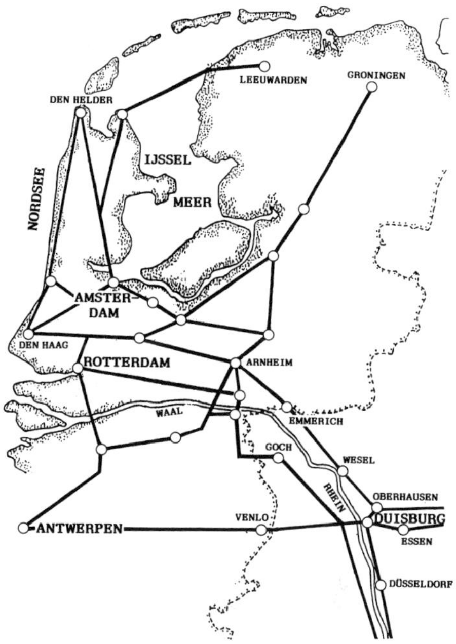

Der Niederrhein – Transitregion ersten Ranges im nordwesteuropäischen Raum.

Führt man sich vor Augen, welche Weltfirmen in dem Dreieck Rotterdam-Dortmund-Antwerpen ansässig sind und welches Universitätspotential hier angesiedelt ist, kann man sich durchaus Entwicklungen von noch größerer Durchschlagskraft vorstellen, als sie heutzutage an der Ostküste der USA zu verzeichnen sind.

Nehmen wir Philips in Eindhoven. Der große holländische Elektrokonzern arbeitet schon seit Jahrzehnten grenzüberschreitend. Er und andere Unternehmen könnten noch größere Dynamik in der Region entfalten, wie das Beispiel Siemens in Süddeutschland gezeigt hat. Insider wissen schon lange, daß Bayern seinen wirtschaftlichen Aufstieg in den letzten 30 Jahren in erster Linie der simplen Tatsache zu verdanken hat, daß Siemens nach dem Krieg seinen Hauptsitz von Berlin nach München verlegt hat. Folgerichtig entstanden die Forschungsstätten dieser Weltfirma im Süden, zum Beispiel in Erlangen.

Hinzu kommt noch ein anderer Aspekt: Es ist schon merkwürdig, daß die Elite der Wirtschaft und der Universitäten längst in internationalen Kategorien denkt, nicht zuletzt wegen der großen Export-Abhängigkeit der Bundesrepublik Deutschland vom Ausland, die Bevölkerung in den Regionen aber immer noch dem regionalen Denkschema innerhalb der Staatsgrenzen verhaftet ist. Zwar kann von einem verbohrten Denken in nationalen Kategorien Gott sei Dank keine Rede mehr

Nach der Öffnung des chinesischen Marktes gegenüber dem Westen fand 1986 in Düsseldorf die erste chinesische Seiden-Modenschau für den abendländischen Modemarkt statt. Die Muttergesellschaft des größten Seidenimporteurs Deutschlands hat ihren Sitz in Duisburg.

sein, aber von der Vorstellung, daß die Wirtschaftsprozesse eines Tages auch die nationalen Grenzen sprengen und eine neue europäische Denkweise erzwingen werden, sind die Menschen noch weit entfernt.
Die Holländer denken schon lange darüber nach in ihren Planungsstellen. Bei uns spielt das Thema dagegen noch keine große Rolle. Die Zeit wird aber kommen. Die Region Niederrhein wird den Blick nach Belgien und Holland richten müssen. Der Blick nach Baden-Württemberg und Bayern bringt nichts. Die Zukunft liegt nicht im Süden, sondern im Westen. Sollte sich die Vision vom neuen europäischen Kraftzentrum im Dreieck Rotterdam-Dortmund-Antwerpen erfüllen, dann würde das Gerede vom Süd-Nord-Gefälle keine Rolle mehr spielen. Viel von dem, was sich Bayern heute an wirtschaftlicher Entwicklung zugute schreibt, ist nichts weiter als Nachholbedarf.

Der Nachholbedarf der Region Niederrhein liegt im High-Tech-Bereich. Die Stadt Duisburg hat in diesem Zusammenhang allen Grund, enger mit dem Nachbarn Düsseldorf zu kooperieren. Es hat keinen Sinn, die Landeshauptstadt aus den niederrheinischen Überlegungen auszuklammern, nur weil kommunale Neuordner vor ein paar Jahren Duisburg zum Ober-Zentrum des Niederrheins erhoben haben. Düsseldorf ist nach wie vor wirtschaftlich die beste Adresse nördlich der Main-Linie. Die Stadt läuft über, und Nachbarn wie Neuss und Ratingen haben den Nutzen davon. Warum kann nicht Duisburg durch bessere Zusammenarbeit mit der Landeshauptstadt auch Vorteile daraus ziehen? Wer Krisen überwinden will, darf bei der Suche nach Mitteln nicht wählerisch sein …

Arnold Gehlen

Reinheit ist oberstes Gebot bei der Montage spezieller Maschinen und Anlagen. In diesem „Reinraum" für die Verdichtermontage herrscht Überdruck, damit keine Staubpartikel eindringen können. Auch die kleinste Verunreinigung würde den späteren Betrieb gefährden.

REUTERWEG - DUISBURG D
4305650

Marktplatz Niederrhein

Verkehrskreuz und Handelszentrum im Herzen Europas

Es war ein Ereignis von wahrhaft historischer Bedeutung und folgenschweren Konsequenzen. ,,Alte Weiber schlugen die Hände über den Kopf zusammen, andere legten sie wie zum Gebet ineinander. Kinder jauchzten, Männer schwenkten die Hüte und Mützen und oft brach die ganze Volksmenge in ein lautes Hurra aus''. So schildert ein zeitgenössischer Beobachter den denkwürdigen 2. Juni 1816. Die in England gebaute ,,Prinz von Oranien'' stampfte als erstes Dampfschiff auf dem Rhein via Rotterdam nach Köln und eröffnete damit ein neues Verkehrszeitalter auf den europäischen Flüssen.

Was wäre aus dem Niederrhein, was aus dem Ruhrgebiet geworden, hätten sich damals zu Beginn des 19. Jahrhunderts nicht die Pioniere des Verkehrs mit den Pionieren der Industrie und des Handels verbündet? Wie ein Räderwerk trieb dieses ökonomische Dreigestirn den technischen Fortschritt, die Industrialisierung und damit die gesamte Wirtschaft voran, voneinander abhängig und sich gegenseitig bedingend.

Es war ein bißchen viel, was da innerhalb weniger Jahrzehnte über die Region zwischen Emmerich und Köln, zwischen Venlo und Dortmund hereinbrach. Und Duisburg lag mittendrin, als das neue Zeitalter an der Ruhr startete. Der erste Kokshochofen, die ersten Tiefbauschächte, die ersten Dampfschiffe und Eisenbahn-Linien. Der Kokshochofen war der Schlüssel zur Massenproduktion von Stahl und Eisen. Dieses lockte seinerseits die Pioniere der Technik. Die neuen Schiffe und die neuen Bahntrassen ermöglichten einen reibungslosen Transport, und der Handel dirigierte die rasch anschwellenden Güterströme. Diese Umstände kürten den Niederrhein und besonders die Mündungs-

Im lebendigen Wechsel zwischen Geschichte und Gegenwart hat Leonhard Spielhofer (,,Stuttgarter Zeitung'') sich mit einem Thema befaßt, in dessen Mittelpunkt die Bedeutung des Niederrheins als internationaler Marktplatz steht. Er zeigt die Kernelemente aus dem traditionellen Wirtschaftsbereich Verkehr ebenso auf wie die wesentlichen Aspekte des Handels.

links
Ein Schubmotorgüterschiff für den Transport von Stück- und Massengütern auf dem Rhein vor Rees. Nahezu 200 000 Schiffe mit einer Ladung von mehr als 130 Millionen Tonnen pro Jahr machen den Niederrhein zum wichtigsten Lastenträger des Kontinents.

Zu Beginn der fünfziger Jahre konnte kaum jemand ahnen, daß die Schubschiffahrt auf dem Rhein einen so dynamischen Aufschwung nehmen würde. Als neueste Entwicklung verkehren Sechserverbände mit bis zu 16 000 Tonnen Ladungsvermögen.

region der Ruhr bald zu einem der größten Markt- und Umschlagplätze Europas bis auf den heutigen Tag. Die Jahre in der ersten Hälfte des vergangenen Jahrhunderts waren wohl ebenso aufregend wie unsere Tage, in denen die noch junge Elektronik die Welt und den Weltraum erobert und dabei ebenso die Technik wie das Arbeitsleben revolutioniert aber noch niemand genau sagen kann, wohin das Abenteuer führt.
Duisburg und der Niederrhein, zusammen sind sie ein zentraler Knotenpunkt des volkswirtschaftlichen Kreislaufes der Warenströme. Duisburg und der Niederrhein profitieren damit bei einem gesunden Kreislauf schneller als andere Regionen der Bundesrepublik von den Wohltaten wirtschaftlicher Blüte. Doch nach Duisburg und an den Niederrhein spült eben dieser Kreislauf freilich auch schneller als anderswohin wirtschaftliche Schwäche-Bazillen. Dieser Umstand war

von jeher das Schicksal der großen Umschlageplätze und Verkehrsknoten dieser Welt.

Der Ruhrorter Kohlehändler Franz Haniel deutete einst als einer der ersten die Zeichen der neuen Zeit. Er erkannte die Stärken eines Verbundes zwischen Pütt, Hütte, Fabrik und Rheindampfer. Seit 1830 ist Haniel nicht nur Händler und Reeder und Fabrikant. Im damals noch fast bedeutungslosen Ruhrorter Hafen wurde er auch Werftbesitzer. 1831 baute er mit der „Stadt Coblenz“ das erste Rhein-Dampfschiff für Passagiere und Güter. Die Leistung der Maschine mutet mit 90 PS heutzutage freilich bescheiden an und die Tragfähigkeit nicht minder. Seit 1986 transportieren Sechser-Schubverbände von Rotterdam nach Duisburg bis zu 16 000 Tonnen Zuladung.

40 Prozent aller Gütereinfuhren der Bundesrepublik kommen über die niederländisch-niederrheinische Grenze; und auch im Reiseverkehr stehen die Grenzzollämter des Kreises Kleve innerhalb des Bundesgebietes in den vordersten Rängen. Das wird bald auch für den neuen Autobahn-Grenzübergang Goch gelten.

Alte Handelswege

Der Rhein, heute das Rückgrat der Wirtschaft zwischen Duisburg und Emmerich, war 1830 noch nicht jene ideale internationale Wasserstraße, wie das inzwischen geradezu selbstverständlich erscheint. Zwar tummelten sich wohl schon in der Mittelsteinzeit Einbäume in den noch unregulierten und unberechenbaren Wassern. Doch noch bis weit in die Mitte des vergangenen Jahrhunderts hinein galt bei den Schiffern nicht der Rhein als erste Adresse, sondern die Ruhr.

Diese Ruhr war in der Gründerzeit des Reviers der vermutlich meistbefahrene Fluß Europas. Dagegen waren um 1800 die heutigen Duisburger Häfen eher noch verschlafene Umschlagplätze. Niemand hat damals wohl davon geträumt, schon einige Jahrzehnte später entstehe dort das größte Binnenhafen-System der Welt. Noch bis etwa 1870 stand die Rheinschiffahrt ganz im Schatten der Ruhr, bis dann die Eisenbahn diesen Nebenfluß, der zu einem Synonym einer Industrielandschaft werden sollte, als Transportweg zur Bedeutungslosigkeit verkümmern ließ. Es wurde billiger, mit Dampfloks Eisen und Kohle zum Rhein zu bringen, als

mit Kähnen über die Ruhr zu schleppen. Auf dem Rhein selbst galt inzwischen so etwas wie die Freiheit der Meere: Die Mainzer Akte von 1831, und dann die erweiterte Mannheimer Akte von 1868, erlaubten fortan jedermann, diese Wasserader gebührenfrei zu befahren. So entstand im vorigen Jahrhundert der bislang trotz EG einzige wirklich freie und integrierte Verkehrsmarkt Europas.
Erst mit dem Bau der Eisenbahn, in der Mitte des vorigen Jahrhunderts, erlebte das Revier seine erste große Strukturkrise. Die Schiffer und die Fuhrknechte, die Besitzer der Treidelpferde, deren Tiere entlang der ,,Leinpfade" Kähne in bestenfalls einer Woche von Duisburg auf der Ruhr nach Witten stromaufwärts schleppten, wurden arbeitslos. Aber auch auf dem Rhein wurde das damals hereinbrechende Zeitalter der neuen Energieart ,,Dampf" samt Dampfschiffen eher mit Protesten denn mit Freudenfeuern begrüßt.
Noch 1848 richteten einem Bericht der ,,Ruhrorter Zeitung" zufolge die aufgebrachten Neuwieder Pferdeknechte ihre Böller auf die selbstfahrenden Rheindampfer, die die Segel, Pferde und Arbeitsplätze verdrängten und mit dem penetranten Qualm ihrer Schornsteine auch die gute Luft im Rheintal verpesteten. Die Loreley soll vor lauter Ruß, Dampf und Rauch das Wasser zu ihren Füssen nicht mehr gesehen haben.
Ruhrort, das um 1900 zu den reichsten Städten des Deutschen Reiches gehören sollte, war bis ins 19. Jahrhundert eher unscheinbar. Doch dank der einbringlichen Schiffahrt und des Montanhandels wurden zu Beginn unseres Jahrhunderts dort die meisten Millionäre gezählt, Berlin ausgenommen.

Marseille–Xanten–Hamburg

Am Niederrhein haben sich die Schwerpunkte von Handel und Verkehr im Laufe der Jahrhunderte verschoben: Das römische Xanten, das hansische Wesel und auch Emmerich waren, ebenso wie die Herzog-

Die Ruhrmündung
an der Schwelle des Industriezeitalters.

stadt Kleve, zeitweise ungleich bedeutender als Duisburg. Insgesamt betrachtet aber war der Raum seit historischer Zeit Durchzugs- und Aufmarschgebiet und somit stets auch Nutznießer des Fern-Handels. Einer der ältesten großen Handelswege Europas, die Route von Marseille nach Hamburg, überquerte bei Xanten den Rhein. Der alte Hellweg verband, von Duisburg ausgehend, den Rhein mit Westfalen, ebenso wie die Römer zuvor das rechtsrheinische Land an der Lippe per Straße mit dem Imperium Romanum verbunden hatten.

Handelswege von Duisburg nach Paderborn, von Utrecht nach Xanten, von Xanten nach Köln und von Wesel nach Münster und Osnabrück erlaubten auch im Mittelalter ausgedehnte und an damaligen Maßstäben gemessen schon fast weltweite internationale Geschäftsbeziehungen. Der Niederrhein ist als historisch gewachsenes wirtschaftliches Bindeglied zwischen Deutschland und den Niederlanden seitdem nicht mehr wegzudenken.

Freilich, die Verkehrsentwicklung am Rhein zwischen Köln und Rotterdam verlief trotz Mannheimer Akte gar nicht so harmonisch, wie man sich das rückblikkend vorstellen könnte. Die unter sich konkurrierenden Städte versuchten, sich gegenseitig den Rang abzulaufen und vom Aufschwung ein möglichst großes

Entwicklung der Duisburg-Ruhrorter Häfen

1857

1896

1910

Rhein-Ruhr Hafen Duisburg 1987

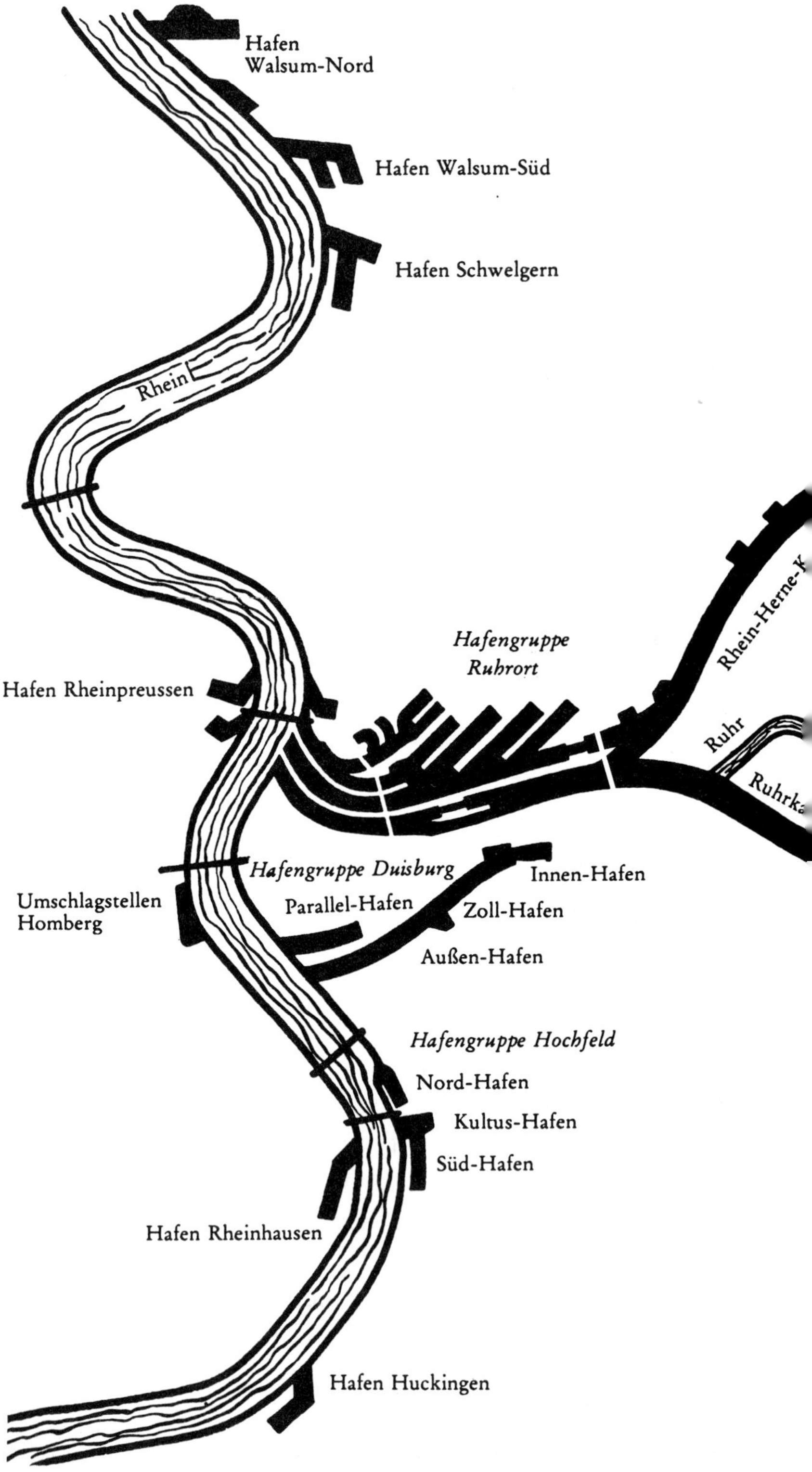

Stück für sich zu ergattern. Doch je mehr sich das Eisenbahnnetz zugunsten des Raumes Duisburg entwikkelte und die Rheinschiffahrt die überaus günstige Lage des von Preußen tatkräftig geförderten Ruhrorter Hafens entdeckte, um so mehr mußten umliegende Städte Einbußen hinnehmen, darunter beispielsweise die altehrwürdige Handelsstadt Wesel. Ganz hat man dies dort den Duisburgern bis heute nicht vergessen.

Vom „Kohlenlager" zum größten Binnenhafen der Welt

Für den Verkehrsknotenpunkt Duisburg schlug die große Stunde erst 1846. Damals wurde die Stadt an die neue Eisenbahnlinie nach Köln angeschlossen. Ein Jahr später wurde die Trasse nach Minden weitergeführt. Bis dahin waren die Duisburger Häfen nicht viel mehr „als ein Lager für Kohlen, die von der Ruhr nicht unmittelbar zum Rhein verschifft wurden", wie der Chronist anmerkt. Bis 1832 konnte die Stadt Duisburg per Schiff gar nicht direkt angefahren werden; erst ein eigens gebauter Kanal eröffnete den Weg zu Wasser.
Bestenfalls ein verkehrsgeographisch geübtes Auge vermag die einstige erbitterte Konkurrenz zwischen Duisburg, Ruhrort und Hochfeld im Stadtplan aufzudekken. Es gibt beispielsweise bis heute zwischen Duisburg und Ruhrort noch keine direkte Eisenbahnverbindung, obwohl die einstigen Städte-Konkurrenten längst zu einem Gemeinwesen zusammengewachsen sind und ihre Häfen zu Beginn unseres Jahrhunderts organisatorisch zu einer Einheit verschmolzen worden waren.
Erst mit diesem Zusammenschluß entwickelte sich dann ein Hafensystem, das inzwischen seinesgleichen in der Welt sucht: Ein öffentlicher Hafen, der von 16 privaten Werkshäfen ergänzt wird, mit zusammen 43 Kilometern Kai-Mauern, 20 Hafenbecken, knapp 200 Hallen, 320 Lagerplätzen, 240 Kränen, 150 Kilometern Bahn-Gleisen und 23 Kilometern Straßen. Die Duis-

links
Die Entwicklung der Duisburger Häfen zum größten Binnenhafensystem der Welt. Heute reihen sich an der Duisburger Rheinreede die Werkshäfen und die öffentlichen Häfen von Ehingen bis Walsum.

burger Häfen beginnen in Walsum-Nord und enden im Süden in Huckingen mit dem Port der Mannesmann-Hüttenwerke.

Transitregion ersten Ranges

Welche Rolle aber der internationale Handels-Verkehr in diesem Wirtschaftsraum spielt und was ihn zur europäischen Transitregion ersten Ranges macht, zeigen schlaglichtartig weitere Zahlen. Jährlich passieren rund 70 Millionen Menschen die 15 Straßenübergänge entlang der 138 Kilometer langen gemeinsamen Grenze des die Stadt Duisburg und die beiden Kreise Wesel und Kleve umfassenden Bezirks der Niederrheinischen Industrie- und Handelskammer mit den Niederlanden, vor allem über die drei Autobahnen: Duisburg–Venlo, Oberhausen-Emmerich-Arnheim und Moers-Goch-Nijmegen. An die 130 Millionen Tonnen Güter werden auf Schiff und weitere 40 Millionen Tonnen per LKW dort abgefertigt, und über die Grenzen des Wirtschaftsraumes Duisburg-Wesel-Kleve fließen nahezu 40 Prozent aller Gütereinfuhren der Bundesrepublik: Über Holland kommen Rohstoffe, Erze und Mineralöl, Kunststoffe, Maschinen und Textilien, und vor allem füllen die Holländer die deutsche Speisekammer mit auf. Bewältigt wird dieser Verkehrsstrom mit der Hilfe von über 400 Spediteuren. Als ,,Architekten des Verkehrs'' tragen sie dazu bei, aus dem Niederrhein ein ,,multifunktionales Dienstleistungszentrum'' zu machen. Die Lage zu Wasser, auf der Schiene, auf der Straße und der Anschluß an das unterirdische deutsche Pipeline-Netz (für Öl, Gas und Chemieprodukte) befähigt sie dazu.
Marcus, der Römer, würde sich wundern, was am Niederrhein heute an ihm Tag für Tag vorüberzieht, könnte er es beobachten: Stündlich sind es an den Straßenübergangsstellen des Kammerbezirkes zu den Niederlanden ca. 8000 Personen, dazu 285 Lastkraftwagen, ferner 22 Schiffe mit über 15 000 Tonnen Fracht, unge-

rechnet der Güterzugverkehr auf der Bahn. All das 24 Stunden am Tag und wiederum 365 Tage im Jahr. Der Grenzübergang bei Venlo auf der Ost-West-Achse Ruhrgebiet-Antwerpen ist längst der wichtigste internationale Straßenübergang des deutschen Güterverkehrs überhaupt geworden.

„Keine vergleichbare deutsche Binnenstadt weist so enge Verzahnungen zwischen Stadt- und Hafenlandschaft auf" (Achilles, Rhein-Ruhr Hafen Duisburg).

Strukturwandel im Hafen

Die insgesamt 27 Häfen des Niederrheins bewegen gegenwärtig jährlich um 70 bis 75 Millionen Tonnen Güter. Im Rekordjahr 1974 waren es im Kammerbezirk sogar fast 86 Millionen Tonnen. Etwa dreiviertel davon werden an den Kais der Duisburger Rheinreede umgeschlagen. Doch die Zeit der großen Tonnagen scheint vorbei. Eine sich langsam verändernde Wirtschafts-

Die riesigen Kisten, Container genannt, waren vor drei Jahrzehnten noch so gut wie unbekannt. Heute sind sie bei den Transportsystemen unverzichtbar. Die beiden Duisburger Containerterminals zählen zu den modernsten am Rhein.

struktur änderte auch die Art der Frachten. Waren es einst vornehmlich Kohle, Getreide und Holz, so schoben sich nach dem Zweiten Weltkrieg Erze, Mineralöl und Baumaterial nach vorne. Die Pipelines bringen aus Rotterdam zusätzlich Chemierohstoffe und Ölprodukte und aus Wilhelmshaven Öl.
Die seit Jahren rückläufigen Umschlagszahlen bei den Massengütern wie Erz, Kohle oder Kies stellen die Hafenwirtschaft vor neue Probleme. Doch längst haben Duisburg oder Emmerich begonnen, sich auf sogenannte Stückgüter umzustellen. Auf Ware, die einzeln oder in relativ geringen Mengen gemeinsam verpackt auf Reisen geht. Emmerich hatte als erster Hafen am Niederrhein auch einen Schiffs-Container-Verkehr eingerichtet und schickt inzwischen solche überdimensionierten Gepäckkisten per Schiff direkt über See nach England. In Ruhrort wurde 1983 der erste Container-Terminal eingeweiht, außerdem schuf man einen „Roll-on-Roll-off"-Verkehr und schloß damit die Transport-Kette zwischen Straße, Schiene und Wasser. Ohne Umladen kann jetzt der LKW-Anhänger auf das Schiff gefahren werden.

„Seehafen" im Binnenland

Wer weiß aber schon, daß die Duisburger Häfen inzwischen mit knapp zwei Millionen Tonnen bereits einen größeren direkten Übersee-Verkehr abwickeln als die traditionellen Seehäfen Lübeck, Kiel, Brake oder Nordenham? In diesem „seegängigen Verkehr" ab Duisburg, mit Schiffen bis zu 3 000 Tonnen Tragfähigkeit, glauben die Experten, die Nordsee näher an die Kundschaft heranzubringen. Nicht zufällig bemüht sich Duisburg um die staatliche Anerkenntnis auch als Freihafen, denn damit sind Vorteile bei Steuern und Zoll verbunden. Vorbilder sind Hamburg oder auch Rotterdam. So lassen sich neue zusätzliche wirtschaftliche Perspektiven erschließen.

Weltoffenheit ist die Basis für die Präsenz auf den internationalen Märkten: Duisburger Stahl für den Export nach Übersee. Nässeempfindliche Güter, wie hochwertige Coils, werden an einer überdachten Umschlagstelle in bis zu 3000 Tonnen tragende Seeschiffe verladen.

Unabhängig davon ist es beinahe schon faszinierend, wenn ein Seeschiff in den Duisburger Hafen einläuft. Man kann allerdings längst nicht mehr von einem sensationellen Ereignis sprechen. Für die Duisburger ist es ein alltäglicher Teil der Hafenwirtschaft. Inzwischen gibt es unmittelbare Schiffsverbindungen von Duisburg nach Skandinavien, in die Sowjetunion, nach Spanien und Portugal, zu anderen Häfen im Mittelmeer, aber auch nach West- und Nordafrika. Es gibt einen unmittelbaren Container-Verkehr von Ruhrort in die britische Stadt Boston und einen planmäßigen Ro-Ro-Verkehr nach England. Emmerich offeriert auch einen regelmäßigen LKW-Huckepack-Verkehrsdienst mit Hilfe der Bundesbahn auf der Linie Emmerich–Verona. All das sind Beweise für den Trend, im Transportgeschäft verlorengegangenes Massengut durch das aufwendigere (letztlich aber einbringlichere) Stückgut zu ersetzen. Auch hier gilt das Wort, wonach eine Tonne nicht gleich eine Tonne ist, ebensowenig, wie im Handel eine Umsatzzahl Auskunft über die Gewinnrate gibt.

Mit seiner auch gegenwärtig in der Bundesrepublik unerreichten Verkehrs-Infrastruktur bleibt die Region geradezu zwangsläufig auch Marktplatz europäischen Zuschnitts. Franz Haniel, Feodor Goecke, Carl Spaeter, August Thyssen und Peter Klöckner sind nur einige Männer, die Duisburg zu einem Zentrum des internationalen Großhandels mit Geschäftsbeziehungen in aller Welt gestalteten.

Niederlande – Handelspartner und Nachbar

Besonders eng sind die historischen Gemeinsamkeiten des Niederrheins mit den Niederlanden, verbunden durch den Rhein als der gemeinsamen Lebensader. Durch Jahrhunderte regierten hüben und drüben klevische und geldrische Herrschaftsgeschlechter. Das wurzelt auch heute noch in der Bevölkerung, unbeschadet aller hoheitlichen Ab- und Eingrenzungen. Von Sprachproblemen ist im Grenzraum kaum etwas zu vernehmen. Am Wochenende ist in den Läden und Kneipen der Grenzorte fast ebensoviel holländisches Vokabular zu hören wie deutsches, und ebenso gelten Gulden und Mark als gleichwertige Zahlungsmittel.
Es ist schließlich noch keine 200 Jahre her, daß man zwischen den Niederlanden und Preußen überhaupt Grenzpfähle in den Boden rammte, wie dies 1816 der Wiener Kongreß tat. Doch auch dies vermochte die Territorien nur formal zu trennen. Die persönlichen und ökonomischen Bande blieben bis auf den heutigen Tag bestehen, wenngleich auch durch politische Ereignisse vor allem dieses Jahrhunderts nicht ungetrübt.
Die Region um Arnheim und Nijmegen mit etwa 600 000 Bürgern, dann Nord-Brabant mit 1,3 Millionen Einwohnern, sie sehen im Niederrhein eine selbstverständliche Nachbarschaft wie umgekehrt. Nur eine Autostunde entfernt von der Grenzregion Kreis Kleve liegen die Zentren der Niederlande und Belgiens.

Von Tabak und Kaffee bis Zuckerrohr und Holz

Internationaler Marktplatz Niederrhein, das ist Geschichte und Gegenwart. Die Römer kauften hier einst schon Waffen und Uniformen, Töpfe und Lebensmit-

tel. Duisburg, Wesel, Rees und Emmerich zählten später zum Handelsbündnis der Hanse. Die Tuchweber von Goch, Kalkar, Wesel oder Emmerich pflegten vom Niederrhein aus den internationalen Handel. Als nach dem Zeitalter der Entdeckungen und Eroberungen exotische Güter und Früchte über die Häfen der Nordsee nach Deutschland kamen, sorgten die Handelsherren von Emmerich, von Wesel und von Duisburg dafür, daß diese Waren der Kolonien über den Niederrhein in die deutschen Territorien verkauft wurden.
Am Niederrhein blühte der „Kolonialwarenhandel" auf. Zwei Jahrhunderte hatten Duisburg und der Niederrhein eine führende Position im Tabakimport und in der Tabakverarbeitung. Emmerich war bedeutender Großhandelsplatz für den über die Niederlande eingeführten Kaffee und dies hat seine Spuren bis in die Investitionsgüterindustrie hinterlassen, so daß in Emmerich heute das weltgrößte Maschinenbauunternehmen für Kaffeeröstanlagen seinen Sitz hat. Duisburg wiederum war eines der Zentren für den Import und die Weiterverarbeitung von Zuckerrohr, während Wesels besondere Stellung im Holzhandel lag.
Die Zäsur dieses trotz zahlloser Zollschranken dennoch relativ freizügigen Fernhandels zwischen den niederrheinischen Städten und den Niederlanden kam erst relativ spät: im 19. Jahrhundert, als die deutschen Fürsten ihren einheitlichen „Zollverein" schufen, der Vorstufe für das spätere Deutsche Reich. Diese deutsche Einheit spaltete das natürlich Gewachsene: Plötzlich waren der Niederrhein Hinterbänkler des Reiches und die Niederlande Zoll-Ausland. Freilich, die Grenzgänger mußten bis 1914 beim Grenzübertritt keinen Paß vorzeigen; aber plötzlich wurde der Niederrhein auch als Gewerbestandort für die Niederlande interessant. So entstanden gegen Ende des vorigen Jahrhunderts bis zum Ersten Weltkrieg zahlreiche Gewerbebetriebe zwischen Emmerich und Goch, von der Margarine-Industrie bis zum Maschinenbau, durch die niederländische Unternehmer von hier aus den deutschen Markt erobern wollten.

Ein koksbeheizter Kugelröster, Baujahr 1880. Das Museum der Kaffeerösttechnik in Emmerich vermittelt Anschauungsmöglichkeiten, die weit über den Rahmen einer firmengeschichtlichen Sammlung hinausgehen.

Die 1901 errichtete Schifferbörse zu Ruhrort beeindruckte durch ihren mittelalterlichen Fachwerkbaustil. Hier schlossen Spediteure, Reeder, Schiffer, Makler und behördliche Stellen früher ihre Frachtgeschäfte ab.

Großhandels- und Umschlagszentrum für das Revier

Selbstverständlich profitierte der Handel insbesondere von Duisburg und Ruhrort vom Aufschwung des Ruhrgebietes. Unbescheidener noch: Ohne Duisburgs munteren Handel und Verkehr hätte das Revier gar nicht jenen Aufschwung nehmen können. Zur Versorgung der Bevölkerung des rheinisch-westfälischen Industriegebietes wurde Duisburg zum führenden Getreidehandelsplatz des Deutschen Reiches, eine Stellung, die die Stadt an der Ruhrmündung bis in die siebziger Jahre dieses Jahrhunderts behielt. Vor allem aber mußte die Industrie des Ruhrreviers versorgt werden. So sind nicht nur die oft zitierten Kohle- und Stahlerzeugnisse, Chemie-Rohstoffe, Erze, Öl, Schrott und Baustoffe allein der Mittelpunkt des Handels, wenngleich diese Waren unverändert die Piers prägen, und im Duisburger Raum der Großhandel mit ihnen seit jeher ein geradezu natürliches Zentrum gefunden hat.
Heute sind im Duisburger Stadtgebiet 700 Großhandelsbetriebe mit rund 10 000 Mitarbeitern tätig. Vor allem sind es Rohstoffe und Halbwaren, feste Brennstoffe und Mineralölerzeugnisse, Stahl, Erz, NE-Metalle, Schrott und Altmaterial, Sand, Kies, Holz und Getreide, die hier in Duisburg mit einem Wert von über zehn Milliarden Mark umgesetzt werden. An keinem Ort der Bundesrepublik gibt es einen Rohstoffhandel mit einer vergleichbaren Intensität.
Das Welthandelshaus Klöckner & Co, nun eine KGaA, arbeitet seit 1977 in der Nähe des Duisburger Hauptbahnhofes in der „Silberburg“. Klöckner gehört als Familienunternehmen zu den größten Handels- und Dienstleistungsunternehmen des Kontinents und beschäftigt 10 000 Mitarbeiter. In 80 Ländern der Erde bestehen 200 feste Stützpunkte. Schon vor der Währungsreform nahm Klöckner seine Kontakte in aller Welt, vor allem in Südamerika, mit Erfolg wieder auf, um exportieren und importieren zu können. Die weltweiten geschäftlichen Aktivitäten beim Stahl und in den Rohstoffbereichen Alteisen, Altmetalle, Chemiepro-

Die „Silberburg“ in der Nähe des Duisburger Hauptbahnhofs im Abendlicht, Konzern-Zentrale von zwei weltweit operierenden Unternehmen.

dukte und Industrieanlagen waren für den Wirtschaftsaufschwung in den fünziger Jahren von großer Bedeutung. Die Tochtergesellschaft Klöckner Industrie-Anlagen GmbH (INA) liefert komplette Fabrikations- und Infrastrukturanlagen, wie zum Beispiel in den siebziger Jahren für 630 Millionen Mark die komplette Ausrüstung des Tiefseehafens Krakatau in Indonesien oder eine Zellstoff- und Papierfabrik in Sabah, die 1984 für 875 Millionen Mark in Malaysia errichtet wurde.
In Ruhrort residiert mit der Franz Haniel & Cie. GmbH eines der ältesten Handelshäuser der Bundesrepublik, dessen Tradition im firmeneigenen und der Öffentlichkeit zugängigen Haniel-Museum gewahrt wird. Heute erwirtschaftet Haniel in 146 in- und ausländischen Gesellschaften mit 13 000 Mitarbeitern einen Gesamtumsatz von 8,9 Milliarden Mark. Die breit gestreuten Interessen dieses Hauses reichen von der Spedition und der Binnenschiffahrt bis zum Überseeverkehr und vom Bau- und Brennstoffhandel bis zum Handel mit pharmazeutischen Produkten, sie schließen führende Lebensmittelgroß- und Einzelhandelsketten mit ein und erstrecken sich überdies über ein breites Dienstleistungsprogramm im Bereich des industriellen Umweltschutzes, der Informationsverarbeitung und der Entwicklung von Immobilienobjekten. Der internationale Charakter dieses Weltunternehmens wird

Mit der großzügigen Gestaltung des Franz-Haniel-Platzes hat auch der Duisburger Stadtteil Ruhrort durch Initiative der Wirtschaft ein städtebaulich attraktives Gesicht erhalten.

darin deutlich, daß etwa die Hälfte der Geschäftsaktivitäten des Hauses Haniel auf die USA entfallen.
In Duisburg arbeitet auch eines der größten europäischen Schrotthandelsunternehmen, Thyssen Sonnenberg. Neben der Aufbereitung des Schrottes wurde hier ein Handels- und Dienstleistungsprogramm entwikkelt, mit dem nicht nur der Abbruchbereich, sondern auch der Recycling-Sektor abgedeckt werden. Drei Unternehmen des Kammerbezirks, Klöckner und Sonnenberg in Duisburg sowie Landers in Wesel, verfügen gemeinsam über mehr als die Hälfte der gesamten industriellen Abbruchkapazität des Bundesgebietes.
Stahl und Eisen sind auch die Grundlagen des Hauses Carl Spaeter. Die schon im vorigen Jahrhundert gegründete Firma unterhält eine Vielzahl von Niederlassungen und Beteiligungen. Auch ihre Geschäftstätigkeit wird durch einen hohen Exportanteil geprägt. Im internationalen NE-Metallhandel weltweit tätig ist die in Duisburg ansässige Wilhelm Grillo Handelsgesellschaft. Sie gehört als Großhandelsunternehmen mit ihren Beteiligungsgesellschaften ebenfalls in Europa zu den bedeutendsten ihrer Branche.
Neben dem Handel mit Rohstoffen hat in Duisburg der Handel mit Maschinen und am Niederrhein der bedeutende Großhandel mit Lebensmitteln einen hervorragenden Rang. Wichtige und überdurchschnittliche Lei-

stungen erbringt auch der Handel mit Fahrzeugen und technischem Bedarf, mit Textilien und Druckerzeugnissen.

Eine Speisekammer des Ruhrgebietes

Wo so viele Menschen auf engem Raum zusammenleben wie im Revier, wo so viele Betriebe in ebenso enger Nachbarschaft tätig sind, da dürfen Dienstleistungen und Handel nicht fehlen, muß die Versorgung funktionieren mit Lebensmitteln, mit Konsumgütern aller Art ebenso wie mit Investitionsgütern.

Landwirtschaft und die Nahrungsmittelindustrie haben hier traditionell Standortvorteile. Der Niederrhein ist so etwas wie eine der Speisekammern des Ruhrgebietes. Getreide oder Tabak, Fleisch und Gewürze, Bier und Mineralwasser, der Markt und das Angebot sind bunter, als Stereotype vermuten lassen.

Wer außerhalb des Kammerbezirkes weiß schon, daß in dieser Speisekammer bei Moers auch die weltgrößte Christstollen-Bäckerei tätig ist oder in Duisburg-Walsum das größte deutsche Getränkehandelsunternehmen mit dem wohl europagrößten Flaschenfüll-Betrieb für Mineralwasser? In Kalkar steht im Schatten des Schnellen Brüters die zwar weniger Schlagzeilen bringende, wirtschaftlich dennoch recht bedeutungsvolle Versandschlachterei. Sie zählt zu den größten ihrer Art in der Bundesrepublik. Jährlich werden dort 350 000 Schweine verarbeitet, täglich über 1000. Da wäre in diesem Zusammenhang auch eine der größten Putenbrütereien auf unserem Kontinent zu erwähnen und die Liste der Nahrungsmittel-Spezialisten ließe sich ohne Schwierigkeiten weiter fortsetzen. Etwa mit dem Hinweis, daß sich der größte Tiefkühlkost-Direktverteiler der Bundesrepublik vom Niederrhein aus den deutschen Markt eroberte.

Die am Niederrhein ansässigen Abbruchspezialunternehmen verfügen über mehr als die Hälfte der gesamten industriellen Abbruchkapazität des Bundesgebietes.

Technische Spitzenleistungen, wie der im rheinischen Braunkohlenrevier eingesetzte weltgrößte Schaufelradbagger, kennzeichnen die Leistungsfähigkeit des niederrheinischen Stahl- und Anlagenbaus.

Technik auf die Spitze getrieben

Darf es auch einmal etwas anderes sein? Die mit über 60 Metern höchste mobile Arbeitsbühne der Welt? Solche Geräte kann man bei dem größten Spezialvermietungsunternehmen für Arbeitsbühnen in der kleinen niederrheinischen Gemeinde Alpen anfordern. Oder wird zum Beispiel ein Teleskop gesucht, dessen riesige Reflektor-Schüssel mit einem Durchmesser von immerhin 100 Metern millimetergenau auszurichten ist, damit eine Funkbotschaft eines Sterns irgendwo im Weltraum abgehört werden kann? Oder der größte jemals auf der Welt gebaute Schaufelradbagger mit einer täglichen Förderleistung von 240 000 Kubikmetern? Oder Präzisions-Waagen? Oder Chemie-Spezialitäten für die internationale Kunstfaserindustrie? Die Liste der von den hier ansässigen Unternehmen erhältlichen Produkte nimmt kein Ende.

Wer kennt den Namen der Stadt, innerhalb deren Gemarkung der weltgrößte Anbieter fettchemischer Produkte sein Domizil hat? Es ist Emmerich. Wer vermutet unweit von Duisburg, und zwar in Rheinberg, Europas größtes Salzbergwerk mit jährlich dreieinhalb Millionen Tonnen Förderung? Wem außerhalb der Region ist schon geläufig, daß hier nicht nur Stahl, sondern auch Zink und Zinn, das industriell wichtige Titanoxid, aber auch Papier, Soda oder in Kevelaer berühmtes Kunsthandwerk zuhause ist?

Durch die Blume gesagt

Die Blumen nicht zu vergessen. Denn fast noch im Schatten von Duisburgs Hochöfen beginnt eines der großen Blumenanbaugebiete Europas. In Rees blüht die große Veilchenzucht, die weltweit ihresgleichen suchen dürfte. In Kranenburg steht eines der führenden deutschen Versandhäuser für Blumenzwiebeln, Stauden und Gehölze. Kevelaer ist nicht nur Ziel der frommen Wallfahrer und Heimat bedeutender Kunsthandwerker, sondern auch eine Blumensamen-Zentrale. Jedes sechste in der Bundesrepublik gekaufte Samentütchen, so haben die Statistiker ausgerechnet, wird dort abgepackt, und nirgendwo sonst werden so viele Erikapflanzen auf den Markt gebracht wie im Kreis Kleve.
Wer weiß denn schon, daß diese blühende Region auch ein Zentrum des deutschen Blumenhandels ist? In Straelen, nur wenige Kilometer von der niederländischen Grenze entfernt, haben sich 1600 Gartenbaubetriebe als UGA-Niederrhein zu einer Markt- und Marketing-Organisation zusammengeschlossen. Hier findet auch an jedem Werktag die größte Schnittblumenversteigerung der Bundesrepublik statt. Im Auktionshaus treffen sich täglich die Produzenten mit etwa 500 Floristen, um über die Versteigerungsuhr einen möglichst „gerechten" Preis zu ermitteln.
Jedem deutschen Bürger, jung und alt, Babys, Männern und Frauen im Jahr eine Nelke, jedem eine Rose.

Der Niederrhein hat sich in den vergangenen sechzig Jahren vom Gemüseanbau- zum Blumenzentrum entwikkelt. Allein 250 Millionen Schnittblumen aller Art gehen jährlich über die größte Blumenversteigerungsanlage der Bundesrepublik an Tausende in- und ausländische Blumenhändler.

Jeder Frau eine Chrysantheme oder eine Topfpflanze, das sind umgerechnet die Blumenmengen, die von Straelen aus den Weg zum Endverbraucher finden: Fast 60 Millionen Nelken, 50 Millionen Rosen, 25 Millionen Chrysanthemen und ebenso viele Topfpflanzen. Dazu noch 18 Millionen Balkonpflanzen im Jahr.

Großes Entwicklungspotential im Einzelhandel

Man schätzt, daß auf den Einzelhandel etwa ein Fünftel des gesamten Handelsumsatzes des Kammerbezirks entfällt. Das dürften etwa 6 Milliarden DM im Jahr sein. Da aber die Kaufkraft der 1,2 Millionen Einwohner nach einschlägigen Erhebungen bei 8,2 Milliarden DM liegt, geht dem heimischen Handel Umsatz verloren. Wahrscheinlich lockt die nur wenige Autominuten ent-

fernte Konkurrenz der Städte Düsseldorf und Essen. Kaufkraftabflüsse aus dem Kammerbezirk sind allerdings in einem so dicht besiedelten Gebiet mit weiteren attraktiven Oberzentren in vergleichbarer Entfernung nicht völlig zu vermeiden. Die Stadt Duisburg hat in den vergangenen Jahren alle Anstrengungen unternommen, auch für den Handel ihrer zentralen Funktion für den Niederrhein gerecht zu werden und die Abflüsse in Nachbarstädte abzuwehren. Nachdem die Straßenbahn unter die Erde verlegt wurde und ein wesentlicher Teil des Innenstadtbereiches sich nunmehr in einem neuen städtebaulichen Gewand zeigt, hat die Zahl der Käufer aus dem Umland wieder in erfreulichem Maße zugenommen: Immerhin kommt schon jetzt jeder sechste Kunde aus der Umgebung, teilweise auch aus dem übrigen Ruhrgebiet, wie das Duisburger Amt für Statistik und Stadtforschung herausgefunden hat.

Die Königstraße, eine der Haupteinkaufsstraßen Duisburgs, hat durch die Umbauarbeiten anläßlich des U-Bahn-Baus an Attraktivität gewonnen und bietet ein überdachtes „Einkaufen im Trocknen".

Der Marktplatz in Wesel, im Schatten des Willibrordi-Doms, eines der mittelständischen Einkaufszentren des Niederrheins mit weit überörtlicher Bedeutung.

Die Kaufmannschaft ist bemüht, dem Verbraucher ein attraktives und breitgefächertes Angebot bereitzuhalten. Neue Vertriebsformen sind dabei nicht tabu: In dem vor einigen Jahren entstandenen Averdunk-Zentrum, einem integrierten Einkaufszentrum, verbinden sich Fachgeschäfte mit dem preiswerten Angebot eines SB-Warenhauses. Das 1987 in den ersten beiden Abschnitten fertiggestellte Tonhallen-Center setzt mit seiner postmodernen Architektur und der Verbindung von Einzelhandel, Freizeit und Gastronomie neue städtebauliche Akzente. In der Tonhallenstraße, welche dieses Zentrum an die Königstraße, die Hauptfußgängerzone, anbindet, hat sich eine Agglomeration von Geschäften mit hochwertigem Bedarf angesiedelt. Auf dem ehemaligen Kepa-Prinzregent-Gelände im Herzen der City ist ein ebenfalls integriertes Einkaufszentrum geplant, welches das Angebot im hochwertigen Bereich abrunden soll.
Neben Duisburg weist der Kammerbezirk noch verschiedene mittelstädtische Zentren auf, die wie Moers, Kleve, Wesel und Dinslaken durchaus regionale Bedeutung haben. Dabei hat es insbesondere Moers verstanden, ein breites und gleichzeitig spezialisiertes Angebot in einem attraktiven städtebaulichen Rahmen zu präsentieren. Die Einrichtung großzügiger Fußgängerzonen und -bereiche im Kammerbezirk hat das äußere Er-

scheinungsbild des Handels verändert. Was in den Stadtkernen meist im Rahmen von Sanierungsmaßnahmen geleistet wurde, ist auch vom städtebaulichen Aspekt her bemerkenswert.
Fachgeschäfte, Waren- und Kaufhäuser, Boutiquen und Galerien sind bis in die kleinsten Zentren hinein zu finden. Städte wie Geldern, Goch, Xanten, Kevelaer sind nur einige der zahlreichen positiven Beispiele.
Um noch besser das verehrte Publikum zu umwerben, sind allenthalben Werbegemeinschaften entstanden. Ihre Zahl ist im Kammerbezirk auf über 50 gewachsen, und sie zählen inzwischen an die 3500 Mitglieder in 25 Städten und Gemeinden. Und um das Angebot für die Bedürfnisse und Dinge des täglichen Lebens aufzufrischen, haben sich an die 70 verschiedene Standorte für Wochenmärkte etabliert. Sie setzen damit eine gute alte Tradition des Marktplatzes auch als Kommunikationsforum fort.
Gerade diese üben eine besondere Faszination für jeden wirtschaftlich Interessierten aus, haben sie doch so etwas wie Modellcharakter: An Ort und Stelle und auf kleinstem Raum darf studiert werden, wie der Mechanismus der Marktwirtschaft funktioniert. Wie sich das Spiel von Angebot und Nachfrage, das Verhältnis von Ware und Preis, von Wunsch und Realität in der Praxis auswirkt. Und wenn man so will, dann ist es auch ein Stück Lebensqualität, auf das wir alle wohl nicht verzichten möchten.
Auch das ist Marktwirtschaft am Marktplatz Niederrhein. Die Geschichte dieses Marktplatzes ist, wie zu zeigen war, alt. Seine Gegenwart lebendig und seine Zukunft nicht ohne interessante Perspektiven.

Leonard Spielhofer

Strukturwandel einer Region

Standortentwicklung und Perspektiven

Die Nachkriegsgeschichte des Wirtschaftsraumes Duisburg-Wesel-Kleve setzte 1945 auf einem unvergleichlichen Tiefpunkt ein. Trotz des Heißhungers der westdeutschen Wirtschaft nach Kohle und Stahl stieß die Marktversorgung mit diesen Grundstoffen noch lange auf politische Grenzen. Dem sich über zwei Jahrzehnte erstreckenden dynamischen Aufschwung folgte jedoch eine extreme, vor allem politisch bedingte Wirtschaftskrise an Rhein und Ruhr. Harald Posny („Die Welt") beleuchtet die hierzu vorgelegten Lösungsansätze.

In der „Stunde Null" und in den ersten Jahren nach 1945 war alles „dynamisch", was mit dem Überleben verbunden war. Das Stillen des Hungers und die Suche nach einem heilen Dach über dem Kopf, das Wiederanwerfen einer einst blühenden Wirtschaft gegen anfangs sehr restriktive Maßnahmen der Besatzungsmächte, das alles bedurfte einer eigenen Dynamik im Denken und Handeln, die man den Arbeitern, Angestellten und Beamten dieser Region nicht mehr zugetraut hatte. Die Dauer und die Belastungen des Krieges hätten eigentlich viele der vorhandenen Antriebskräfte des Menschen versiegen lassen müssen.

Am Ende des Zweiten Weltkriegs war der Niederrhein zu einem Schlachtfeld ungeheuren Ausmaßes geworden. Mehr als 300 Luftangriffe hatten das menschliche und wirtschaftliche Leben zwischen Kleve und Duisburg, der „Stadt Montan", erlöschen lassen. Was noch übrig geblieben war, machte der den Rheinübergang der Alliierten vorbereitende Artilleriebeschuß dem Erdboden gleich. Fabriken, Brücken, Straßen, Versorgungseinrichtungen und Nachrichtenverbindungen lagen in Schutt und Asche.

Dem Ausweg aus dieser katastrophalen Lage waren gleich zu Anfang mehrere Steine, eher schon Felsblökke, in den Weg gelegt worden. Die britische Militärregierung blockierte die Stahlproduktion. Was an Kohle gefördert wurde, ging überwiegend in den Export. Maschinen, soweit sie nicht als Reparationsleistungen demontiert wurden, blieben ohne schützende Hallen. Vielfach wurden durch die britische Militärregierung Produktionsverbote ausgesprochen, arbeitende Betriebe wieder stillgelegt. Außerdem: wer arbeiten konnte, war unterernährt. Dynamik war in jenen Tagen ein

links
Rohrleitungen sind mehr als nur Transportadern für Flüssigkeiten, chemische Gase und Fernwärme. Sie sind Symbol eng verflochtener Verbundwirtschaft eines industriellen Ballungsraumes.

Synomym für Improvisationsgabe, für das Unterlaufen alliierter Anweisungen, aber auch für das Überleben eines potenten Wirtschaftsraums.

Aufstieg aus den Trümmern

Im ersten Nachkriegsjahr wurden von den Hüttenwerken am Rhein nur noch 500 000 Tonnen Rohstahl erschmolzen, das waren weniger als zehn Prozent der Produktion des Rekordjahres 1942. Die Zahl der Beschäftigten in den Werken von Krupp (Rheinhausen), Mannesmann (Huckingen), Thyssen (Hamborn), in der Niederrheinischen Hütte (Hochfeld) und in den Hüttenwerken Ruhrort-Meiderich lag bei nur noch 18 900. 1942 hatte sie bei 35 000 gelegen.
Ähnlich sah es bei der Kohle aus, obwohl die Ankurbelung des Ruhrbergbaus von den Besatzungsbehörden mit aller Kraft vorangetrieben wurde, nicht um die einheimische Wirtschaft und Bevölkerung mit der notwendigen Energie zu versorgen, sondern um die Reparationsansprüche der energiehungrigen europäischen Nachbarländer kostengünstig mit Ruhrkohle zu befriedigen. Mitte 1945 wurden auf sämtlichen Zechen Nordrhein-Westfalens zusammen rund 315 000 Tonnen Steinkohle gefördert. Entsprechend niedrig war die Produktion am Niederrhein.
Hier jedoch ging es, ganz im Sinne der Exporte der Ruhrkohle, schnell bergauf: Drei Jahre nach Kriegsende wurden im heutigen Kammerbezirk Duisburg-Wesel-Kleve bereits wieder 11 Millionen Tonnen Steinkohle gefördert. Das war annähernd die gleiche Leistung, wie sie im Jahr 1936 erbracht worden war. Aber es wurden nur 1,56 Millionen Tonnen Roheisen erschmolzen (gegenüber 6,17 Millionen Tonnen im Jahr 1938) und 1,7 Millionen Tonnen Rohstahl (gegenüber 6,4 Millionen Tonnen im letzten Vorkriegsjahr). Immerhin hatte der Bezirk damit einen Anteil von 13,5 Prozent der Ruhrgebiets-Kohleförderung, 46 Prozent der Roheisengewinnung und 42 Prozent der Rohstahl-

produktion des Ruhrreviers: Für Eisen, Stahl und Kohle war der Kammerbezirk schon damals innerhalb des Reviers der bedeutendste Standort.
Nach 1948, nachdem bei den Alliierten die Einsicht gewachsen war, die Produktionsbeschränkungen auf Eisen und Stahl zu lockern, und die Währungsreform überdies die Voraussetzungen für eine Rückkehr der Bundesrepublik zu einem geordneten Währungssystem bot, vollzog sich im Kammerbezirk bis weit in die sechziger Jahre hinein ein wirtschaftlicher Aufschwung mit unvergleichlich dynamischer Kraft. Auf der Grundlage der parlamentarisch-demokratischen Regierungsform war die Bundesrepublik am 18. April 1951 als gleichberechtigtes Mitglied in die ,,Europäische Gemeinschaft für Kohle und Stahl" (EGKS) aufgenommen worden, und im August 1952 trat der die restlichen Produktionsbeschränkungen aufhebende Schuman-Plan in Kraft.
Der jährlich wachsende Bedarf an Kohle, Eisen und Stahl, an Maschinen und industriellen Anlagen, an Produkten der chemischen und elektrotechnischen Industrie, im Bereich des Baugewerbes, des Verkehrs und des Dienstleistungsgewerbes schafften Tausende von neuen Arbeitsplätzen, und die Zahl der erwerbstätigen Bevölkerung verdoppelte sich allein im heutigen Duisburg bis zum Beginn der 60er Jahre auf über 300 000. Der Mangel an Facharbeitern ließ die Arbeitsämter ausschwärmen, um aus der gesamten Bundesrepublik Arbeitskräfte anzuwerben. Und ab 1960 setzte dann auch massiert der Zuzug ausländischer Arbeitskräfte ein.

Produktionsverbote und Demontagen belasteten das Wirtschaftsleben des westlichen Ruhrgebietes bis zum Beginn der fünfziger Jahre. Als erster Hochofen der August-Thyssen-Hütte wird am 7. Mai 1951 der Hochofen VII wieder angeblasen. Der älteste Hochofenmann hält die Fackel.

Montanstruktur und Bergbaukrise

Mit der fast zügellosen Nachfrage nach Kohle, Eisen und Stahl verstärkte sich im Kammerbezirk die Konzentration der wirtschaftlichen Aktivitäten in diesen Bereichen zusätzlich. 1957 gab es in der gesamten Industrie der Region 213 000 Beschäftigte, von denen zwei Drittel im Bergbau (66 500) und in der eisenschaffenden Industrie (62 300) tätig waren. Nimmt man verwandte Bereiche, insbesondere die NE-Metallindustrie, den Stahlbau und Anlagenbau sowie den Bau von Berg- und Hüttenmaschinen hinzu, waren sogar drei Viertel der Beschäftigten im Montankomplex engagiert.

Aber selbst nach dem Beginn der 1958 einsetzenden Bergbaukrise wurde in der Duisburg-Niederrheinischen Wirtschaft ein überdurchschnittliches Wirtschaftswachstum sichtbar. Dies zeigte sich auch in der Entwicklung der Arbeitslosenquote. In dem Raum zwischen Duisburg, Wesel und Kleve lag die Arbeitslosenzahl weit unter dem Durchschnitt des Ruhrgebiets, des Landes Nordrhein-Westfalen und des Bundesgebietes; denn die Anspannung der industriellen Kapazitäten war in dieser Region weit höher als in den anderen Bundesländern.

Vollbeschäftigung wurde gefeiert; und sie verlor auch nichts von ihrer Beweiskraft für die Überlegenheit eines marktwirtschaftlichen Systems, als durch die Bergbaukrise im Bereich des heutigen Kammerbezirks in den Jahren von 1958 bis 1966 rund 22 000 Bergleute „freigesetzt" wurden. Andere Wirtschaftsbereiche sogen die verfügbaren Arbeitskräfte gerne auf. Die Statistik nahm von dem sich abzeichnenden Strukturwandel kaum Notiz.

Die Bergbaukrise selbst war, das muß deutlich gesagt werden, kein Verschulden des Bergbaus. Sie war einerseits die Folge unseliger politischer Zusammenhänge und insofern nicht unähnlich der heutigen Stahlkrise an Rhein und Ruhr. Der hohe Bedarf an Kohle hatte über Jahre hinweg nur durch fortwährende Ausschöpfung der letzten Reserven und ständige Sonderschichten gedeckt werden können. Und dies, obwohl der Preis für inländische Kohle auch noch 1948 bis 1956 von der Militärregierung weit unter dem Marktwert festgelegt blieb. Außerdem mußte deutsche Kohle in großen Mengen exportiert werden. Die Folge: Wesentlich teurere US-Kohle mußte eingeführt werden, um den wachsenden Bedarf zu decken. Im Jahr 1957 allein

Die Schlote rauchen wieder. Der rege Schiffsverkehr auf dem Rhein steht schon bald dem aus den dreißiger Jahren nicht mehr nach.

wurden 21,4 Millionen Tonnen amerikanischer Kohle in der Bundesrepublik verfeuert. Eine weit bedrohlichere Konsequenz mit Spätfolgen war, daß der Ruhrbergbau mit den niedrigen Erlösen die notwendigen Investitionen für Kapazitätserweiterungen, aber auch die Infrastrukturmaßnahmen, nicht oder nur durch Umlagen der gesamten Wirtschaft finanzieren konnte.
Andererseits war die einsetzende Kohlekrise das Ergebnis neuer Möglichkeiten kostengünstiger weltweiter Verkehrsverbindungen, durch die die Frachtraten im Transatlantikverkehr auf einen Bruchteil ihrer früheren Höhe zurückfielen. Die überseeischen Kohleeinfuhren, aber auch die Importe anderer Energieträger wurden durch rapide sinkende Transportkosten aufgrund immer größerer Schiffseinheiten begünstigt. Der Kostenvorsprung der heimischen Kohle, die geringen Frachtkosten zu den nahe gelegenen Stahlstandorten, war dahin. Schon 1958 begann sich der Kohlemangel in eine Überproduktion mit enormen Haldenbeständen zu wandeln. Zudem verfielen im Gefolge der Suez-Krise die Kohlepreise auf den internationalen Rohstoffmärkten.
Und durch das Überangebot an Erdöl purzelten auch dessen Preise. Überdies wurden in Frankreich, in den Niederlanden und in Norddeutschland umfangreiche Erdgasfelder entdeckt und erschlossen.

So bekam die Kohle gleich eine ganze Skala potenter Konkurrenten; und hinzu kam schließlich, daß in den Jahren des Kohlemangels Entwicklungen vorangetrieben worden waren, die zu geringerem Verbrauch führen sollten. Das galt nicht nur für den Stahlbereich, sondern auch für die Stromwirtschaft, in denen der Kohleeinsatz je Tonne Roheisen beziehungsweise je Kilowattstunde Strom innerhalb von 15 Jahren halbiert wurde. Auch die Bundesbahn, die zunehmend von Kohle auf Diesel und später auf den elektrischen Zugbetrieb umstieg, senkte ihren Bedarf auf ein Drittel. Die Folge waren Haldenbestände, die, nach den Mangeljahren seit Kriegsende, im Ruhrbezirk schon 1958 rund 12 Millionen Tonnen Steinkohle und Koks betrugen, ein Jahr später bereits 15,5 Millionen erreichten und auch in den Folgejahren, in scharfem Auf und Ab, 1966 bis an 20 Millionen Tonnen reichten. Was zunächst lediglich als konjunkturbedingt beurteilt wurde, stellte sich bald als schweres Strukturproblem heraus. Die geringe Elastizität des Bergbaus brachte in den Folgejahren Angebot und Nachfrage immer weniger in ein auch nur annäherndes Gleichgewicht. Freilich muß dabei eingestanden werden, daß bis Ende der fünfziger Jahre dem Überfluß kaum mit Feierschichten oder gar Entlassungen von Bergleuten begegnet wurde, der Arbeitsmarkt also nicht belastet werden sollte. Stattdessen versuchte man, Nachfrageschwankungen ausschließlich durch Lagerhaltung aufzufangen.

Zechenschließungen in Duisburg, aber nicht am Niederrhein

Das Anfang der sechziger Jahre einsetzende und sich über 15 Jahre erstreckende Zechensterben ließ die fördernden Anlagen an Rhein und Ruhr von 173 auf 46 sinken. In Duisburg, der ehemaligen ,,Stadt Montan'', in der die am wirtschaftlichsten abzubauenden Kohlevorräte allerdings auch weitgehend erschöpft waren, wurden zwischen 1962 bis 1976 alle Bergwerke, mit Ausnahme

der weit überdurchschnittlich kostengünstig arbeitenden Zeche Walsum, stillgelegt.

Um so größer war die Leistungsfähigkeit der verbleibenden Anlagen im heutigen Kreis Wesel, die teilweise zwar zusammengelegt, in ihrer Produktivität jedoch weiter erheblich gesteigert wurden. So ist zwar die Zahl der Beschäftigten im Bergbau inzwischen auf rund 27 000 gesunken; die Förderung des Steinkohlebergbaus im Kammerbezirk liegt indessen, mit 16 Millionen Tonnen, noch annähernd ebenso hoch wie zu Beginn der Bergbaukrise. Und der Anteil des Kammerbezirks an der Kohleproduktion des Ruhrgebietes verdoppelte sich auf über 26 Prozent.

Der Anpassungsdruck im Schatten sinkender Absatzmöglichkeiten hatte 1968 zur Gründung der Ruhrkohle AG geführt. Die Neuorganisation des Ruhrbergbaus sollte die Rationalisierungsmöglichkeiten des regiona-

Moderne Technik im Einsatz unter Tage. Am Niederrhein war die Kohlegewinnung schon früher als in anderen Kohlerevieren voll mechanisiert. Gewaltige Großmaschinen, wie dieser Walzenschrämlader, haben Leistungen von mehr als 800 PS.

len Verbunds erschließen und ein langfristiges Entwicklungskonzept für eine wirtschaftliche Kohleförderung ermöglichen.

Spitzentechnik untertage

Die Umstrukturierung erfolgte, abgesehen von der Konzentration des Bergbaus auf die wirtschaftlichsten Bergwerke, auf drei Ebenen:
(1) durch Erschließung neuer ergiebiger Abbaufelder in Teufen von bis zu 1200 (anstatt der bisher gewohnten 500 bis 900) Meter sowie den Verzicht auf Errichtung neuer Bergwerke mit eigenen Förderstandorten. Dadurch konnten Förder- und Aufbereitungsanlagen mit der bereits vorhandenen Übertage-Infrastruktur an den bisherigen Förderstandorten erhalten bleiben und untertage neue Lagerstätten von bestehenden Anlagen aus erschlossen werden.
(2) durch Mechanisierung und technische Rationalisierung. Hierzu wurde die Zahl der Abbau-Betriebspunkte verringert und die Kohlegewinnung, die am Niederrhein schon 1970 fast voll mechanisiert war, durch erhöhte Leistung von Kohlenhobel und Schrämwalzen sowie leistungsfähigere Vortriebssysteme gesteigert. Ebenso wurden Prozeß- und Datentechnik für Betriebssteuerung und Sicherheitssysteme eingesetzt.
(3) durch Anpassung des Anforderungsprofils der Mitarbeiter an den modernen Bergbau, das heißt höhere Anforderung an die Qualifikation und Verbesserung der Altersstruktur der Belegschaften. An die Stelle des früheren Berglehrlings trat die Ausbildung zum Bergmechaniker und Maschinenmann mit breiterer Grundausbildung und Spezialisierung mit maschinentechnischen Inhalten.
Noch immer ist der Steinkohlebergbau im Bezirk der Niederrheinkammer ein strukturbestimmender Wirtschaftszweig. Vor dem Hintergrund geologisch günstiger Lagerstätten mit einem abbaufähigen Kohlevorrat von über zwei Milliarden Tonnen in den heutigen Be-

Die niederrheinischen Hüttenwerke nehmen unter den leistungsstärksten Stahlwerken eine Spitzenstellung ein. Eines der Geheimnisse dieses Erfolges liegt, wie der Leitstand eines Walzwerkes zeigt, in der konsequenten Nutzung der Mikroelektronik und Ausrüstung der Werkanlagen mit modernsten Fertigungstechniken.

triebsstätten und den nördlich anschließenden Reserveräumen besitzt der Niederrhein die besten Voraussetzungen für einen erfolgreichen Kohleabbau und für den Erhalt von Bergbauarbeitsplätzen. Das bedeutet gleichzeitig, daß für erwünschte und notwendige neue Industriearbeitsplätze die erforderliche Energiequelle nicht versiegt.

Stahl am rechten Fleck

Fast drei Jahrzehnte, vom Kriegsende bis 1974, wuchs die Stahlproduktion am Rhein, dem optimalen Standort der Eisenhüttenindustrie in Europa, fast kontinuierlich. Trotz vieler politischer Widrigkeiten; denn mit der Aufhebung der Eisenkontingentierung am 1. Januar 1950 waren zwar die Absatzmöglichkeiten für

Konverterbühne eines Oxygenstahlwerks. In den Duisburger Hüttenwerken erfolgt die Stahlerzeugung inzwischen ausschließlich in leistungsstarken Schmelzaggregaten dieser Art, die mit allen erforderlichen Anlagen zur Nachbehandlung der flüssigen Schmelze ausgestattet sind. Sie gewährleisten die Erfüllung der ständig steigenden Qualitätsanforderungen der Abnehmer.

Walzwerkserzeugnisse erheblich gewachsen, aber noch Jahre danach mußten Eisen und Stahl mit unzureichenden, weil gebundenen, Preisen leben und mangels heimischer Kohle erhebliche Mengen amerikanischer Kohle importieren.

Dank ihres hervorragenden Standorts sowie ihrer technologischen Ausstattung zählen die Hüttenbetriebe am Niederrhein zu den wettbewerbsfähigsten der Welt. Bis 1974 waren sie gegenüber ihren Wettbewerbern in Europa, aber auch gegenüber den übrigen Betrieben des Ruhrgebiets überdurchscnittlich expansiv. Sie stellten 1974, während die anderen deutschen Hüttenwerke Anteile verloren, stabile drei Prozent der Welt-Rohstahlproduktion: rund 17,7 Millionen Tonnen Roheisen und 21 Millionen Tonnen Rohstahl. So viel wurde niemals wieder erschmolzen. Die Beschäftigtenzahl lag für einige Zeit bei fast 67 000.

Die Duisburger Hüttenbetriebe gehörten zu denjenigen, die dank ihrer guten verkehrsgeographischen Lage die deutschen und ausländischen Abnehmer kostengünstig belieferten. Die Verlagerung der Hüttenkapazitäten vom Kern des Ruhrgebiets an den Rhein wurde durch die Liberalisierung der Erzimporte auf der Kostenseite begünstigt. Überseeische, qualitativ hochwertige Erze kamen über den auch für größere Schiffe geeigneten Tiefseehafen Rotterdam und über den Rhein nach Duisburg.
Mit hohen Investitionssummen bauten Thyssen, Mannesmann und Krupp ihre Anlagen aus und modernisierten alle Fertigungsprozesse durch Automation. Die Durchschnittsleistung eines Hochofens wurde verzehnfacht. Zugleich wurden die Produkte qualitativ hochwertiger und spezialisierter und auf immer neue, zusätzliche und zukunftsweisende Verwendungsmöglichkeiten ausgerichtet.

Im Wettbewerb mit den Steuerzahlern Europas

1975 setzte erst langsam, dann immer schneller ein Einbruch ein, von dem auch heute noch nicht gesagt werden kann, ob er in naher Zukunft ein Ende findet. Sorgen bereiten den Stahlunternehmen aber nicht nur die hohen Preise für deutsche Kokskohle, das Importverbot für ausländische Kohle, steigende Kosten für Löhne und den Umweltschutz sowie der bei weiter expandierenden Kapazitäten weltweit sinkende Stahlverbrauch, sondern vor allem die Subventionspraktiken der Europäischen Gemeinschaft. Sie zwingen der deutschen Stahlindustrie einen ungleichen und immer aussichtsloseren Wettbewerb auf. So entstand das Wort vom „Kampf deutscher Stahlunternehmen gegen ausländische Finanzminister".
Seit 1974 subventionieren die europäischen Steuerzahler veraltete und nicht mehr wettbewerbsfähige Hüttenbetriebe in Frankreich, Belgien und Italien. Ihre überschüssigen Kapazitäten werden mit inzwischen über 100 Mil-

liarden Mark an Subventionen künstlich am Leben gehalten, während die allein auf sich gestellte deutsche Stahlindustrie aufgrund ungerechter Quotierungen zunehmend Teile ihrer Substanz aufzehrt. Jede Tonne Walzstahl anderer EG-Länder wurde von 1980 bis 1985 mit Beträgen zwischen 206,- und 235,- Mark mit verlorenen Zuschüssen subventioniert. Thyssen, um nur ein Beispiel eines deutschen Unternehmens zu nennen, erhielt dagegen lediglich 17,- Mark je produzierte Tonne aus öffentlichen Kassen, von denen überdies 9,- Mark (je Tonne) schon wieder zurückgezahlt werden mußten.
1984 lag die Rohstahlproduktion der Hütten am Niederrhein noch bei 15,4 Millionen Tonnen, das war ein Viertel weniger als zehn Jahre zuvor. Zugleich erloschen in diesem Zeitraum 9 von 25 Hochöfen. Die verbliebenen verfügen jedoch über eine erheblich höhere Leistung. Trotz Einschränkungen in verschiedenen Produktionsbereichen versuchen die Niederrhein-Hütten, ihren Qualitätsstandard mit Milliarden-Investitionen zu steigern.
Durch das Zusammentreffen der im Interesse der internationalen Wettbewerbsfähigkeit der Stahlindustrie notwendigen Produktivitätssteigerung und der ebenso notwendig gewordenen Stillegung von Kapazitäten sank die Beschäftigtenzahl in den Hüttenwerken bis 1986 gegenüber dem Stand vor zehn Jahren um ein Drittel auf nur noch 42 000. Daß dies, zusammen mit den einschneidenden Maßnahmen im Bergbau, Auswirkungen auf die Zulieferer dieser beiden Schlüsselindustrien hat, liegt auf der Hand. So ging in diesem Bereich der Investitionsgüterindustrie sogar die Hälfte der Arbeitsplätze verloren.

Schatten auf dem Arbeitsmarkt

Seit dem Ende des Krieges hat sich die Arbeitsmarktsituation im Bezirk der Kammer Duisburg grundlegend verändert. Damals gab es vor allem in Duisburg einen nahezu dramatischen Mangel an Arbeitskräften. Die

Zahl der Beschäftigten in den Duisburger Montanunternehmen stieg auf 105 000; aber neben dem Stahl hatten auch der Maschinen- und Stahlbau, die Elektro- und chemische Industrie sowie das Baugewerbe hohe Zuwachsraten. So wuchs in der Duisburger Industrie außerhalb der Berg- und Hüttenwerke die Zahl der Beschäftigen von 45 000 (1946) auf 86 000 (1961). Handel und Verkehr standen dieser Entwicklung nicht nach, im Dienstleistungsgewerbe stieg die Zahl der Erwerbstätigen sogar von 49 000 auf 110 000.
Hatte sich die Arbeitslosenquote am Niederrhein, im Spiegelbild dieser Entwicklung, bis 1965 zum Teil erheblich unter dem Bundes- und Landesdurchschnitt bewegt, so lag sie dann jedoch nicht nur im Einklang mit diesen Quoten, sondern seit 1975 sogar erheblich darüber. Aber selbst in den Zeiten der Bergbaukrise (1957 bis 1966) tendierte sie noch eher gegen ,,Null'', weil die Beschäftigten damals von anderen Wachstumsbranchen aufgefangen wurden, die die Gunst des Standorts entlang der Rheinschiene nutzten.
Erst seit 1967 wurden die Auswirkungen der Bergbaukrise sichtbar, auch in den Zulieferbetrieben der Branche. Dennoch wurden die Strukturprobleme des Wirtschaftsraumes noch zu einem guten Teil durch Industrieansiedlungen und die Expansion entlang der Rheinschiene überdeckt. Zum letzten Mal hat die Region durch Überwindung der Wirtschaftsflaute von 1970 einen Extremwert in der Vollbeschäftigung erreicht.
Sieben Jahre später dagegen trafen beschleunigte Inflationsraten, wachsende regionale Strukturprobleme, vor allem aber die Stahlkrise zusammen. Seither liegt der Kammerbezirk in der Arbeitslosenquote höher als Bund und Land. Und dies mit steigender Tendenz. Mit einer Arbeitslosenquote von derzeit 14 Prozent im Kammerbezirk sowie 16 Prozent in Duisburg, 13,4 Prozent in Wesel und 11 Prozent in Kleve muß sich die Region auf eine längere Durststrecke gefaßt machen.
Dabei ist die Stahlkrise bei den vielfältigen, seit 25 Jahren offenkundigen Strukturproblemen nur die Spitze des Eisbergs.

28 000 Bergleute sind im niederrheinischen Steinkohlen- und Salzbergbau tätig. Sie und ihre Leistungen zählen mit zu den tragenden Fundamenten der Wirtschaftsstruktur dieses Raumes.

Die Menschen leben von der Produktion

Selbst wenn wie auch in anderen Regionen ein wesentlicher Teil der verlorengegangenen Arbeitsplätze vom Dienstleistungsbereich aufgefangen worden ist, bleibt doch die Industrie ein Eckpfeiler der wirtschaftlichen Entwicklung. Im produzierenden und verarbeitenden Gewerbe, auf das am Niederrhein immer noch fast 55 Prozent der 357 000 Arbeiter und Angestellten (1985) entfallen, werden überwiegend die Einkommen erwirtschaftet, die in Handel, Handwerk und andere Dienstleistungsbereiche fließen. Folglich muß auch die Industrie bessere Standortbedingungen vorfinden. Das bedeutet staatliche wie kommunale Förderung durch mutige Entscheidungen und Planungen, also eine systematische Industriepolitik. Das heißt auch, daß mit staatlichen Förderungen und vertragswidrigen EG-Subventionen, die die kranken Regionen nicht gesunden und strukturell entwicklungsfähigen Regionen keine Chance lassen, ein Ende gemacht werden muß. Derlei Verhaltensweisen gefährden mittel- und langfristig die „Leistungsfähigkeit der Leistungsfähigsten".

Wie auch immer die Diskussion um unsere Zukunft in einer Dienstleistungsgesellschaft aussieht: Gerade für den Niederrhein bleibt es unumstößlich, daß das bestimmende Merkmal dieser Region bisher der hohe Industrialisierungsgrad gewesen ist und auch in der Zukunft sein wird. Die Industrie ist und bleibt gerade hier die tragende Säule der wirtschaftlichen Entwicklung.

In der Aktivierung dieses industriellen Potentials liegt daher auch der Schlüssel zur wirtschaftlichen Zukunft der Region. Dienstleistungstätigkeiten, nicht zuletzt auch innerhalb des Industriesektors, befinden sich zwar dem allgemeinen Trend folgend auch am Niederrhein auf dem Vormarsch. Es wäre aber eine Illusion zu glauben, es bestünde ein „naturgesetzlicher" Trend zu einer Dienstleistungsgesellschaft, die mit einem Abschied von der Industrie verbunden sei. Ein leistungsfähiger Dienstleistungssektor kann sich nur auf der Basis einer dynamischen Industrie entwickeln. Dies gilt vor

rechts
Bei der Herstellung von Präzisionsteilen des Maschinenbaus kommt es auf wenige Hundertstel Millimeter Genauigkeit an. Diese computergesteuerte Technik erfordert eine besondere Qualifikation der Mitarbeiter.

Modernste Technik aus dem Jahr 1897. Vor dem Sudhaus in Issum steht eine restaurierte Linde-Dampfmaschine, die zur Kälteerzeugung eingesetzt wurde.

allem für unternehmens- oder produktionsorientierte Dienstleistungen, wie z. B. Verkehr und Kreditwirtschaft. Gerade die hohe Industriedichte des Niederrheins bietet für diese Unternehmen, die zudem in den vergangenen Jahren gesamtwirtschaftlich zu den Wachstumsträgern gehörten, ein besonders breites Kundenpotential. Indirekt, nämlich über das Einkommensniveau der Bevölkerung, schafft eine leistungsfähige Industrie auch die Voraussetzungen für ein Wachsen des haushaltsorientierten Dienstleistungssektors; Beispiele sind der Einzelhandel und die Gaststätten. Beides zusammengenommen bedeutet aber, daß der hohe Industrialisierungsgrad des niederrheinischen Wirtschaftsraumes keineswegs eine Hypothek, sondern vielmehr eine Chance für seine weitere Entwicklung darstellt. Hier ist es wesentlich, daß die Wirtschaftspolitik die geeigneten Rahmenbedingungen setzt.

Im Kern und zu wesentlichen Teilen muß Wirtschaftspolitik für den Niederrhein somit Industriepolitik sein. Ihre Aufgabe muß vorrangig darin bestehen, aufbauend auf den guten Standortbedingungen der Region die Strukturfähigkeit der ansässigen Industrie zu erhöhen. Ein Nachziehen des Dienstleistungsbereichs wäre damit vorgezeichnet.

Standortvorteil, ein Pfund, mit dem man wuchern muß

Angesichts des gesamtwirtschaftlich nur noch gering zu veranschlagenden Volumens für Neuansiedlungen kommt der Mobilisierung von Wachstumsreserven in der ansässigen Wirtschaft größte Bedeutung zu. Notwendig ist daher eine Politik der Bestandspflege, die das vorhandene Wirtschaftspotential aktiviert, seine Stärken ausbaut und bestehende Schwächen beseitigt. Besondere Aufmerksamkeit ist dabei den Bedürfnissen von mittelständischen Unternehmen und Existenzgründern zu widmen. Dies darf jedoch nicht zu einer Vernachlässigung der Großbetriebe führen, denn die Vitalität der Region ist mit deren Wettbewerbsfähigkeit untrennbar verbunden.

Eine aktive Wirtschaftspolitik für den Niederrhein kann sich vor allem auf ein breites Spektrum leistungsfähiger Unternehmen, auf leistungsbereite Arbeitnehmer und auf ein ausgezeichnetes Standortpotential stützen. Ihre größten Standortvorteile bezieht die Kammerbezirkswirtschaft aus den Bereichen Infrastruktur, Verkehrsanbindung und Marktnähe. Die hieraus resultierenden Fühlungsvorteile zu Abnehmern und Lieferanten, ausgesprochen günstige Transportkosten, die breite Fächerung des Dienstleistungsangebots und seine Eurozentralität machen den Niederrhein zu einem attraktiven Standort. Hierin liegt ein Pfund, mit dem gewuchert werden kann und gewuchert werden muß.

Harald Posny

Zusammenklang zukunftsorientierter Produktionseinrichtungen: Kunststoffe der kohlechemischen Produktion in Duisburg werden am Niederrhein zu Leiterplatten für die elektronische Industrie verarbeitet. In Geldern hat Europas größtes Spezialunternehmen dieser Art seinen Sitz. Hier werden in Präzisionsarbeit auch mehrfach beschichtete Schaltplatten komplizierter Ausführungen für höchste technische Anforderungen hergestellt.

Die Hüttenwerke im Schatten der Stahlpolitik

Technische Höchstleistungen am optimalen Standort

Duisburg, von Stahlnamen wie Thyssen, Mannesmann, Klöckner und Krupp geprägt, ist einer der besten Stahlstandorte der Welt. Dies ist das Urteil von Norbert Welter (Westdeutsche Allgemeine Zeitung), der hier in kurzen Zügen die Situation der Hüttenindustrie an Rhein und Ruhr beleuchtet.

Die deutsche Stahlindustrie hat sich seit Ausbruch der Stahlkrise wie die der meisten europäischen Länder, Japans und der Vereinigten Staaten kleiner setzen müssen. Im Jahr 1974, dem Höhepunkt des Stahlbooms, kochten die deutschen Hüttenwerke noch rund 54 Millionen Tonnen Stahl, 1986 waren es hingegen nur noch 37 Millionen Tonnen. Von dem Rückgang blieb auch der Standort Duisburg nicht verschont.

Trend zur Rheinschiene

Dennoch hat sich der Standort am Niederrhein auch während der Krisenjahre weiter zum Kern der deutschen Eisen- und Stahlindustrie fortentwickelt. Heute werden hier rund zwei Fünftel des deutschen Stahls gekocht und rund die Hälfte des deutschen Roheisens erschmolzen. Innerhalb des Ruhrgebietes hat sich in den letzten fünzig Jahren der Anteil Duisburgs an der Roheisenerzeugung von 48 auf 77,6 Prozent erhöht, bei der Rohstahlerzeugung von 42,4 auf 70,8 Prozent. Diese Momentaufnahmen der Produktion am Standort Duisburg verdeutlichen einen der Stränge, die die Entwicklung der Branche kennzeichnen: den schier unaufhaltsamen Zug der Hütten zur Rheinschiene. Die Vergrößerung der Produktionsaggregate sowie die zunehmende Konzentration der Stahlunternehmen sind zwei weitere Entwicklungsstränge neben den technischen Neuentwicklungen, wie zum Beispiel des Sauerstoffaufblasverfahrens und der Pfannen-Metallurgie bei der Stahlgewinnung sowie der Stranggußtechnik, bei denen von

links
Seit den sechziger Jahren vollzieht sich innerhalb der deutschen Eisenhüttenindustrie ein beschleunigter Prozeß der Standortverlagerung zur Rheinschiene, der bereits im vorigen Jahrhundert begonnen hatte. Der Raum Duisburg hat sich, inmitten der wichtigsten Absatzgebiete der Stahlindustrie, als geradezu idealer Produktionsstandort für Roheisen und Stahl durchgesetzt.

Kostengünstiger Transport direkt zum Hüttenwerk und rationell arbeitende Anlagen technisch optimaler Dimensionen sind Voraussetzungen für die Wettbewerbsfähigkeit auf den hart umkämpften internationalen Märkten.

Duisburg aus für den gesamten Industriezweig richtungweisende Impulse ausgegangen sind und auch weiterhin ausgehen.

Größere Unternehmenseinheiten

Die Konzentration der Stahlunternehmen kam ebenfalls dem Standort Duisburg zugute, zeigt sich doch im nachhinein der Thyssen-Konzern als der eigentliche Dreh- und Angelpunkt der Firmen-Flurbereinigung im Revier. Beginnend 1956, kamen die Niederrheinische Hütte, die Deutschen Edelstahlwerke, Phönix-Rheinrohr, die Hüttenwerke Oberhausen, die Rheinstahl AG (mit Friedrich-Wilhelms-Hütte in Mülheim, Schalker Verein Gelsenkirchen, Edelstahlwerke Witten sowie Henrichshütte in Hattingen) zu Thyssen. Sie alle sind im Laufe der Jahre in der heutigen Thyssen Stahl AG aufgegangen, die derzeit mehr als ein Viertel der deutschen Rohstahlproduktion bestreitet.
Auch an zwei weiteren spektakulären Zusammenschlüssen waren Duisburger Werke oder Unternehmen beteiligt. So vereinigten sich 1965 die Hüttenwerke Rheinhausen und der Bochumer Verein für Gußstahlfabrikation zur heutigen Krupp Stahl AG. Im Jahr 1969 schließlich legten Thyssen und Mannesmann die Röhrenfertigung in der Mannesmannröhren-Werke AG zusammen. Insgesamt ging so nach dem Zweiten Weltkrieg praktisch jedes zweite selbständige Stahlunternehmen in einer größeren Unternehmensgruppe auf.

Kostengünstiger Hüttenstandort

Am meisten ins Auge sticht hingegen der Zug der Hochöfen zur Rheinschiene. Seit 1960 wurden im Ruhrgebiet acht Hochofenwerke stillgelegt, das neunte, in Hattingen, steht vor der Stillegung. Der überwiegende Teil der ausgefallenen Kapazitäten wurde durch Duisburger Hochöfen ersetzt.

Der Automobilbau beginnt schon im Walzwerk. Die unterschiedlichen Stahleigenschaften wie Festigkeit, Dikke, Schweißfähigkeit, Verform- und Dehnbarkeit der zu Coils aufgewickelten Feinbleche sind, ebenso wie die Haftfähigkeit für Lacke, jeweils exakt den Kundenanforderungen anzupassen.

Nirgendwo kommen die Vorzüge des Eisenstandortes Duisburg deutlicher zum Ausdruck als in dieser Entwicklung. Sie ergeben sich einmal daraus, daß die Zulauffrachten für Eisenerz gegenüber den übrigen Binnenstandorten konkurrenzlos billig und selbst gegenüber den Hüttenwerken an der Küste nur um einige Mark pro Tonne teurer sind. Besonders günstig zu Buche schlägt zudem die Lage der Hütten inmitten der Hauptabnehmergruppen, ein Vorteil, von dem konkurrierende deutsche Reviere nur träumen.
Eine in ihrer Qualität vergleichbare Alternative zu dem kostengünstigen Standort Duisburg bietet unter den deutschen Hüttenwerken lediglich der ebenfalls in Duisburg ansässige Klöckner-Konzern, der zu Beginn der siebziger Jahre die Produktionsanlagen des „trokkenen" Hüttenwerks in Hagen-Haspe stillgelegt und durch ein neues Hüttenwerk in Bremen ersetzt hat.

Mit ihren überdurchschnittlichen Leistungen beim Strangguß nehmen die Duisburger Stahlwerke weltweit eine Spitzenstellung ein. Die neue Bogengießanlage im Hüttenwerk Huckingen produziert gleichzeitig sechs Rundstränge als Vormaterial für die Herstellung nahtloser Rohre.

Die Kehrseite der räumlichen Ballung: Das Hinterland wurde nach und nach fast völlig von Hochöfen entblößt. Nach dem Siegerland erloschen so auch innerhalb des Ruhrgebietes die Hochöfen in Bochum, Hagen, Mülheim, Gelsenkirchen und Oberhausen. Nach der Schließung von Hattingen werden im Ruhrrevier Roheisen und Konverterstahl künftig nur noch in Duisburg und in Dortmund erschmolzen. In Hattingen wird noch Stahl für die Schmiede erblasen, für das das Roheisen aus Duisburg-Ruhrort kommt. Im übrigen ist im Hinterland dagegen weitgehend nur die Stahlverarbeitung verblieben, zum Teil aber auch noch die Stahlerzeugung auf Elektrostahlbasis, wie in Bochum, in Oberhausen und in Witten.

Im Wettkampf mit den Finanzministern der Gemeinschaft

Die deutsche Stahlindustrie hat, wie die der übrigen reifen Industrieländer, aufgehört, mengenmäßig weiter zu wachsen. Sie wird eher noch schrumpfen, bestenfalls ihr bisheriges Niveau halten können. Vorausset-

zung dafür ist freilich, daß das politische Umfeld stimmt, daß also innerhalb der Europäischen Gemeinschaft ebenso wie im Handel mit Drittländern faire Wettbewerbsbedingungen geschaffen werden. Seit Ausbruch der Krise 1975 ist die deutsche Stahlindustrie weitgehend um die Früchte ihrer Politik gebracht worden, weil Dumping und Subventionen den Wettbewerb verfälscht haben.
Auf rund 130 Milliarden Mark schätzt die Wirtschaftsvereinigung Eisen und Stahl die Subventionen, die seit Ausbruch der Krise ihren europäischen Konkurrenten gewährt wurden. Sie gingen im wesentlichen zu Lasten der deutschen Hüttenwerke, wurden so doch in Europa vielfach nicht lebensfähige Stahlkapazitäten und -standorte künstlich beibehalten und aufgepäppelt. Gegen die europäischen Finanzminister kommen nun einmal auch noch so gut geführte und rentabel arbeitende private Hüttenwerke, wie die deutschen, nicht an.
Trotz der düsteren Vorhersagen hat der Werkstoff Stahl auch weiter Zukunft, wenngleich er sich mit konkurrierenden Werkstoffen verbünden muß. Verbundwerkstoffe heißt eine der Zukunftschancen. Weniger Massen-, dafür mehr Qualitäts- und Edelstahl werden die Branche prägen. Veredelung zahlt sich künftig noch besser aus als schon bisher. Die Anteile der Flachprodukte Band und Bleche werden weiter wachsen, die der Langprodukte – insbesondere Profilstähle und Drahterzeugnisse – weiter abnehmen. Vor allem ausländische Elektrostahlwerke haben hier die Nase vor den integrierten Hüttenwerken.
Die deutschen Hüttenwerke werden auch in Zukunft Wandlungen ausgesetzt sein, denen sie sich jedoch, wie in der Vergangenheit, mit Erfolg stellen dürften. Innerhalb der deutschen Stahlindustrie wird Duisburg seine Position als einer der kostengünstigsten Standorte behaupten. Mag sich die Kohle auch weiter zurückziehen und in die Randgebiete des Reviers verlagern: Duisburg bleibt Montan-Stadt.

Norbert Welter

Auch dies ist ein Potential, das im Strukturwandel genutzt werden sollte: Hüttenarbeiter beherrschen den Umgang mit Hochtemperaturen von mehr als 1600 Grad Hitze.

Kraftfeld Niederrhein

Zentrum für Kohle und Energie

Der Niederrhein ist ,,energiegeladen". Das bezieht sich nicht nur auf die Vorräte, die Produktion sowie den Verbrauch von Steinkohle, sondern schließt auch die besonderen Leistungen der Region bei Öl, Gas, Fernwärme und elektrischem Strom mit ein. Trotz der Absatzkrise des Bergbaus und der Strukturprobleme des Stahls geben sich die Niederrheiner nicht geschlagen: Mit Energie versuchen sie, Wege aus der Krise zu finden. Heinz-Günter Kemmer (,,Die Zeit") zeigt die Vielfalt dieser ,,Region am Strom", des Energiezentrums Niederrhein, auf.

Wenn vom Niederrhein in Verbindung mit Energie die Rede ist, dann denkt man zwangsläufig an die Kohle, die hier unter der Erde liegt. Aber sie ist es nicht allein, die mit ihren Fördertürmen das Bild dieser Energielandschaft prägt. Da ragen auch Hochöfen in die Luft, in denen die Kohle dem Erz das Eisen austreibt, da sind 250 Meter hohe Kraftwerksschornsteine, die schon von weitem erkennen lassen, woher der Wind weht. Aber die Kohle ist natürlich das Fundament. Leider kein so gutes mehr, wie man sich das wünschen möchte.
Wer die Augen nur auf die Förderstatistik richtet, der wird am Niederrhein freilich kaum Anhaltspunkte für das finden, was gemeinhin die Kohlekrise genannt wird. Denn im Jahre 1957, das im Steinkohlebergbau das Jahr der Wende war, machten die Bergleute hier 17,6 Millionen Tonnen los, 1986 war die Förderung mit 16,4 Millionen Tonnen kaum niedriger. Aber ein Blick auf die Beschäftigtenzahlen genügt, um die Existenz der Krise zu erkennen: Statt 66 000 Mitarbeiter im Jahre 1957 stehen nun nur 27 000 auf der Lohn- und Gehaltsliste, im Vergleich zum Höhepunkt der Beschäftigungskurve also weniger als die Hälfte.

,,Musterzechen"

Da wird mit einem Schlage erkennbar, welche Rationalisierungsleistung der Bergbau in den letzten 20 Jahren vollbracht hat. Die Schichtleistung, die 1957 noch rund 1600 Kilogramm betrug, hat sich seitdem nahezu verdreifacht, sie erreichte 1986 im Durchschnitt des gesamten deutschen Steinkohlebergbaus 4438 Kilogramm. Und die ,,Musterzechen" am Niederrhein

links
Der Steinkohlenbergbau zählt seit einem Jahrhundert zu den strukturbestimmenden Wirtschaftszweigen des westlichen Ruhrgebietes. Trotz der Zechenschließungen, namentlich im Bereich der Stadt Duisburg, ist der Anteil des Niederrheins an der Steinkohlenförderung des Ruhrreviers in den vergangenen 30 Jahren von 14 auf 25 Prozent gestiegen.

Mehr als 7 Millionen Tonnen Kohle werden jährlich im Duisburger Hafen umgeschlagen und gelagert. Die Verladeeinrichtungen zählen zu den modernsten ihrer Art.

brachten es sogar auf mehr als 4700 Kilogramm. Diese Zahlen machen deutlich, daß der Belegschaftsabbau im Bergbau nur zum kleineren Teil eine Folge der verringerten Förderung und wesentlich mehr durch die Leistungssteigerung ausgelöst worden ist.
Dennoch ist der Bergbau am Niederrhein glimpflich davongekommen. Sein Anteil an der deutschen Förderung ist immerhin von knapp 12 auf gut 20 Prozent gestiegen. Und das kommt nicht von ungefähr. Am Niederrhein gibt es eben Schachtanlagen, die schon immer besser waren als der Durchschnitt. Herbert Barking und Erwin Anderheggen, die Chefs der bis zur Gründung der Ruhrkohle AG selbständigen Zechengesellschaften Walsum und Friedrich Heinrich, gingen noch hoch erhobenen Hauptes durch die Lande, als ihre Kollegen in anderen Betrieben schon in Bonn und Düsseldorf um finanzielle Unterstützung baten. Heute freilich kämen auch sie nicht ohne öffentlichen Beistand aus, denn nur die Subventionierung des Kohleeinsatzes in Hütten- und Kraftwerken sichert bei den gegenwärtigen Weltmarktpreisen für Kohle und Öl die Existenz der Zechen.
Die Kohlengruben sind am Niederrhein seit Gründung der Ruhrkohle AG im Jahre 1968 fest in einer Hand, zusammengefaßt in einer von drei Betriebsgesellschaften, die den Namen der Landschaft trägt: Bergbau AG Niederrhein mit Sitz in Duisburg. Zur BAG Niederrhein gehören im Kammerbezirk die Zechen – im offiziellen Sprachgebrauch der Ruhrkohle heißen sie Bergwerke – Friedrich Heinrich, Lohberg, Niederberg, Rheinland und Walsum, außerhalb des Kammerbezirks dazu die Anlagen Osterfeld in Oberhausen und Prosper/Haniel in Bottrop.
Die BAG Niederrhein steht in edlem Wettstreit mit den beiden anderen Betriebsgesellschaften der Ruhrkohle, der BAG Lippe und der BAG Westfalen. Dabei hat der Niederrhein die Nase vorn. 1986 stieg die Schichtleistung hier um 5,5 Prozent, bei der Ruhrkohle insgesamt dagegen nur um 3 Prozent. Zwar hat es unter dem Strich keinen Gewinn gegeben – jedenfalls nicht

nach dem Schema, das die Ruhrkohle ihren Töchtern vorgibt –, wohl aber einen erheblich niedrigeren Verlust als bei der BAG Lippe. Das hängt natürlich auch damit zusammen, daß die BAG Niederrhein vom Rückgang der Ruhrkohle-Förderung – statt 85,2 Millionen Tonnen im ersten Betriebsjahr 1969 wurden 1986 nur noch 57,6 Millionen Tonnen ans Tageslicht gebracht – nicht betroffen ist. Dies wiederum deshalb nicht, weil die Schachtanlagen überdurchschnittlich gut sind – die Katze beißt sich hier in den Schwanz.

Die Anlagen im Kammerbezirk haben ihre Förderung unter dem Dach der Ruhrkohle sogar gesteigert. 1969 kamen sie zusammen mit der inzwischen stillgelegten Zeche Mevissen auf 16,23 Millionen Tonnen, ohne dieses Bergwerk auf 15,32 Millionen Tonnen. Das heißt, daß die heute noch bestehenden Zechen inzwischen eine Million Tonnen im Jahr mehr fördern als in ihrem ersten Jahr bei der Ruhrkohle. So hat allein Walsum im Norden Duisburgs die Produktion um eine halbe Million Tonnen gesteigert. Und Kostendegression gibt es auch oder gerade im Bergbau: Jede zusätzlich aus einer bestehenden Anlage herausgeholte Tonne senkt die Durchschnittskosten.

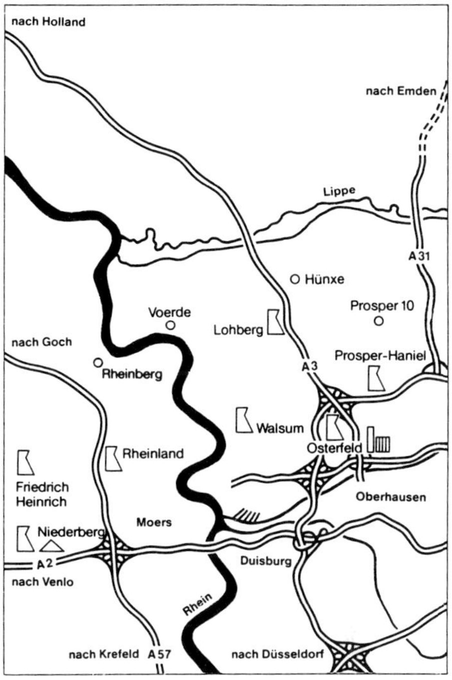

Die Schachtanlagen der Bergbau AG Niederrhein. Die neuen und im Bau befindlichen Schächte Rheinberg, Voerde, Hünxe und Prosper 10 sind für die Bewetterung und die Seilfahrt vorgesehen. Sie folgen gleichsam der natürlichen Verlagerung der untertägigen Abbaugebiete des niederrheinischen Bergbaus nach Norden und nach Westen.

Glückliche Symbiose

Das Wort von der ,,Intelligenz'' der Flöze ist da natürlich schnell bei der Hand. Und in der Tat ist der Niederrhein durch die Qualität seiner Lagerstätten begünstigt. Die jetzt abgebauten Flöze liegen nicht so tief wie in anderen Regionen des Ruhrgebiets, die Lagerung ist flacher als im Durchschnitt und kommt damit der Mechanisierung des Abbaus entgegen. Aber weil sich ein Bergmann ungern nachsagen läßt, sein Erfolg sei in erster Linie den geologischen Gegebenheiten zuzuschreiben, hat der Vorstandssprecher der BAG Niederrhein, Dr. Hans Messerschmidt, auch einige Nachteile seiner Lagerstätte aufzuzählen: Mit der Kohle muß vergleichsweise mehr taubes Gestein, der Bergmann nennt

Kohleverladung mit dem Zug. Angesichts des hohen Transportaufkommens der strukturbestimmenden Industriebereiche des westlichen Ruhrgebietes entfällt ein Zehntel des gesamten Güterverkehrsaufkommens der Bundesbahn auf den Niederrhein.

es Berg, gefördert werden als anderswo, Bergschäden spielen eine größere Rolle, und der Grundwasserspiegel gibt Probleme auf. Und das Bergwerk Rheinland, mit 5,1 Millionen Tonnen Förderung das größte bei der BAG Niederrhein und in Europa, habe auch nicht weniger Störungen als die Zechen im mittleren Revier. Walsum, Niederberg und Friedrich Heinrich stehen jedoch besser da. Einigen wir uns also darauf, daß die „Intelligenz" der Flöze auf der einen Seite und die Tüchtigkeit der Bergleute und das technische Know-how auf der anderen Seite am Niederrhein eine glückliche Symbiose eingegangen sind.
Solange in der Bundesrepublik der Bergbau umgeht – und darüber wird nicht am Niederrhein, sondern in Bonn, Brüssel und vielleicht noch in Düsseldorf entschieden –, sind die Zechen links und rechts des Rheins mit dabei. Die BAG Niederrhein verfügt in einer Teufe von bis zu 1500 Meter über abbauwürdige Vorräte, die bei der gegenwärtigen Förderung noch für rund 80 Jahre reichen. Und dann gibt es möglicherweise Technologien, die den Kohleabbau überflüssig machen. Aus den derzeit abgebauten Betriebsfeldern ist diese Kohlenmenge allerdings nicht mehr herauszuholen, neue Feldesteile müssen erschlossen, weitere Wege zu den Förderschächten in Kauf genommen werden. Aber auch da zeigen sich Vorteile zum Nachbarn: So weit wie bei

den mit dem Abbau nach Norden wandernden Zechen im mittleren Ruhrgebiet werden die Wege am Niederrhein vorerst nicht.
So zieht denn Messerschmidt folgendes Fazit: „Auf geologisch vergleichsweise günstiger Lagerstätte mit einem abbaufähigen Kohlenvorrat von 1,6 Milliarden Tonnen in den Betriebsfeldern und 500 Millionen Tonnen in den nördlich anschließenden Reserveräumen verfügt die Bergbau AG Niederrhein über eine bis weit in das folgende Jahrhundert reichende Abbausubstanz. Daneben bilden der moderne technische Ausrüstungsstand der sieben Bergwerksbetriebe und die durch hohen Vorleistungsaufwand abgesicherte Betriebsbereitschaft die besten Voraussetzungen dafür, daß am Niederrhein noch auf Jahrzehnte erfolgreich Kohle abgebaut werden kann und die Arbeitsplätze für die Beschäftigten erhalten bleiben."

Das Verbundwerk Rheinland ist, mit einer Kapazität von mehr als 20 000 Tonnen je Tag, das größte Steinkohlenbergwerk Europas. Sein abbauwürdiger Kohlevorrat besteht aus 300 Millionen Tonnen überwiegend hochwertiger Kokskohle.

Verbundwirtschaft zwischen Kohle und Stahl

Kohle wird links und rechts des Rheins natürlich nicht nur deshalb abgebaut, weil sie da relativ günstig gewinnbar unter der Erde liegt. Ein ganz wichtiger Standortfaktor ist auch der Verbrauch. Und daran mangelt es, trotz deutlicher Abstriche bei den Lieferungen an die Stahlindustrie, nicht. So wird in diesem Raum mehr als ein Viertel der gesamten in der deutschen Industrie eingesetzten Kohle verbraucht. Allein die Thyssenhütte ist für jährliche Abnahmemengen von sieben bis acht Millionen Tonnen gut, die in erster Linie in Form von Koks in die Hochöfen wandern. Aber seit die deutsche Kohle nicht mehr der billige Jakob unter den Energieträgern ist, wird der Koks sorgsam dosiert. Mit steigenden Kohlepreisen hat man sich sehr schnell der Tatsache besonnen, daß der Koks zwei Funktionen hat: Er ist einmal Wärmeträger für den Schmelzprozeß, aber auch chemisches Mittel zur Reduktion des Eisenerzes. Die Reduktionsmenge ist aber geringer als die für den Schmelzprozeß erforderliche Menge. Also lag die Idee nah, nur den für den chemischen Prozeß unbedingt erforderlichen Koks einzusetzen, die zusätzliche Wärme aber mit billigeren Energieträgern herzustellen.

So wurden die Hochöfen plötzlich zu großen Ölverbrauchern. Die Einsatzmenge nahm in den sechziger Jahren ständig zu und erreichte in der Bundesrepublik 1973, dem Jahr der ersten Ölkrise also, etwas mehr als 2,6 Millionen Tonnen. Aber von da an ging es dann wieder bergab bis auf knapp 200 000 Tonnen im Jahre 1985. Öl wurde wieder durch Koks ersetzt, weil der billiger war. Inzwischen hat sich das Bild erneut gewandelt, aber die Kohle hat gute Aussichten, bald wieder vermehrt eingesetzt zu werden. Dies nicht zuletzt deshalb, weil einige Hüttenwerke mit der Direkteinspritzung von Kohlenstaub in die Hochöfen experimentieren – ein Verfahren, das wirtschaftlicher ist als die „Überdosierung" der Koksmenge.

Die Hüttenwerke können damit flexibler auf die Preistendenzen von Kohle und Öl reagieren und ihre Energiekosten optimieren. Hier wird realisiert, was der Bonner Nationalökonom Professor Horst Albach in einem Gutachten über „Standortpotential und Perspektiven des niederrheinischen Wirtschaftsraumes" so umschrieben hat: „Es ist daher zunächst einmal als erheblicher Standortvorteil zu werten, daß die Energieanbindung am Niederrhein sowohl bezüglich Kohle, Öl als auch Strom- und Gasversorgung zu den vielfältigsten und leistungsfähigsten im Bundesgebiet zählt. Vor allem für die Großunternehmen aus der Industrie bietet sich hierdurch die Chance, durch Substitutionsmaßnahmen zu einer kostengünstigen Energieträgerkombination zu gelangen."

Für die Stahlindustrie, in der der Standort Niederrhein immer noch als weltweit optimal gilt – nicht zuletzt wegen der günstigen Anbindung an die Nordseehäfen auf der einen und der Nähe zu vielen Abnehmern auf der anderen Seite –, sind Energiekosten ein bedeutsamer Bestandteil der Kalkulation. Solange der Kokskohlenvertrag existiert, der dank staatlicher Zuschüsse die deutsche Kokskohle auf den Weltmarktpreis heruntersubventioniert, werden die Hütten von Krupp, Mannesmann und Thyssen mit einem Verbrauch von zusammen weit mehr als 10 Millionen Tonnen Kohle im Jahr der mit Abstand größte Verbraucher im Kammerbezirk bleiben. Dies aber mit abnehmender Tendenz, denn die Stahlproduktion wird wohl weiter zurückgefahren werden, und den Technikern wird auch in Zukunft etwas einfallen, um den spezifischen Koksverbrauch weiter zu senken.

Bis in die frühen sechziger Jahre hinein war die deutsche Stahlindustrie der größte Kunde des ihr ja auch zu einem erheblichen Teil gehörenden Bergbaus, dann wurde sie von der Elektrizitätswirtschaft überrundet. Einschließlich der Kohlelieferungen an Stahlunternehmen in anderen Ländern hielt die Branche ihre Spitzenposition noch bis Ende der siebziger Jahre, dann aber hatten die Kraftwerke endgültig die Oberhand. Aber zusammen kaufen Stahlunternehmen und Stromhersteller immer noch so viel Kohle wie vor 30 Jahren, die Krise kommt vom Wärmemarkt, der 1957 noch einen Anteil von 45 Prozent am Absatz des Bergbaus hatte und inzwischen weniger als acht Prozent der Fördermenge aufnimmt. Da sind 60 Millionen Tonnen Absatz wohl für immer dahin. Spätestens mit dem Preiseinbruch beim Öl im Jahre 1986 hat der Bergbau seine Hoffnungen auf eine Renaissance des Wärmemarktes begraben müssen.

Kraft aus der Kohle

Was bleibt, ist der Verkauf der Kohle über den Draht, die Verstromung also. Und da ist der Niederrhein nicht ganz unbeteiligt, schließlich mischt vor allem die STEAG mit ihren Kraftwerken in Voerde und Walsum kräftig mit. Die Tochtergesellschaft von Ruhrkohle und Veba, 1937 als Steinkohlen-Elektrizitäts AG gegründet, hat nach eigenen Angaben folgenden Zweck: Wahrnehmung der Belange des westdeutschen Steinkohlebergbaus bei seiner Einschaltung in die Energieversorgung des Landes,

Kohle ist nicht nur wichtiger Energieträger, sondern auch unverzichtbarer Rohstoff für die Roheisengewinnung und wesentlicher Teile der chemischen Industrie des Niederrheins. Allein die drei Hüttenkokereien in Duisburg erzeugen ein Viertel der gesamten Koksproduktion des Ruhrgebietes.

Mit seiner Kraftwerkskapazität stellt der Niederrhein einen beachtlichen Anteil der öffentlichen und industriellen Stromerzeugung der Bundesrepublik. Allein durch das Kraftwerk Voerde werden jährlich sechs Milliarden Kilowattstunden Strom in das öffentliche Netz eingespeist.

insbesondere durch Verwertung des auf den Zechen erzeugten elektrischen Stroms sowie durch Errichtung und Betrieb von eigenen Kraftwerken zur Erzeugung von elektrischer Energie aus Steinkohle.
Man kann es freilich auch so formulieren: Die STEAG muß den großen Energieversorgungsunternehmen Rheinisch-Westfälisches Elektrizitätswerk (RWE) und Vereinigte Elektrizitätswerke Westfalen (VEW) so lange auf den Wecker gehen, bis diese die Abnahme des Stroms aus einem neu zu bauenden Kohlekraftwerk zusagen. Liegt diese Zusage vor, dann steht dem Bau nichts mehr im Wege, denn damit verbunden ist natürlich auch eine Garantie für die Übernahme der Stromerzeugungskosten. Und auf einen solchen Vertrag mit solventen Partnern hin wäre jede Bank bereit, ein Darlehen für den Bau zur Verfügung zu stellen. Aber die STEAG-Partner beteiligen sich überdies auch noch an

den sie beliefernden Kraftwerken, so z.B. RWE mit 25 Prozent an der Kraftwerk Voerde STEAG-RWE oHG, der die beiden Blöcke von je 710 Megawatt (MW) gehören. Am gleichen Standort wird das Gemeinschaftskraftwerk West mit zweimal 350 MW betrieben, an dem außer der STEAG die Harpener AG (21,4 Prozent) und die Gewerkschaft Sophia Jacoba (10,7 Prozent) beteiligt sind. Zusammen steht da also in Voerde eine Kraftwerksleistung von 2 120 MW. Über weitere 390 MW Leistung verfügt die STEAG im Kraftwerk Walsum, und wenn dort das neue 410-MW-Heizkraftwerk fertig ist, betreibt das Essener Unternehmen am Niederrhein knapp ein Zehntel der deutschen Steinkohlen-Kraftwerks-Leistung.

Diese Kraftwerke sind Kinder der Kohlekrise. Die beiden Blöcke des Gemeinschaftskraftwerks West sind 1970/71 ans Netz gegangen, Block A des Kraftwerks Voerde nahm 1982 den Betrieb auf und Block B folgte 1985. Walsum macht da nur scheinbar eine Ausnahme. Zwar wurde hier schon 1939 der erste Strom erzeugt, aber der diente vor allem der Deckung des Eigenbedarfs. Das Gros der Leistung, 350 MW, ist erst nach 1957 zugebaut worden und diente der Absatzsicherung für die Walsum-Kohle. Und unter dem Strich kommt da einiges zusammen, denn 1986 hat die STEAG unter den Kesseln der Kraftwerke Voerde, West und Walsum immerhin 3,3 Millionen Tonnen Kohle verfeuert. Dabei wurden 10,5 Milliarden Kilowattstunden Strom erzeugt.

Nimmt man darüber hinaus die Großkraftwerke der Duisburger Hüttenindustrie, der chemischen Industrie, des Bergbaus und der Duisburger Stadtwerke hinzu, dann erkennt man, wie sehr das westliche Ruhrgebiet ein Zentrum der deutschen Kraftwirtschaft ist; und dies gilt nicht nur für die Stromerzeugung, sondern auch für den Stromverbrauch: Hier werden mehr als sechs Prozent der in der bundesdeutschen Industrie verbrauchten elektrischen Energie eingesetzt.

Dank der Verstromungsgesetze, die den Bau von Kohlekraftwerken finanziell fördern und den Kohleeinsatz subventionieren, ist es für die Versorgungsunternehmen kein großes Opfer, Kohlestrom abzunehmen. Aber gerade in den achtziger Jahren ist doch deutlich geworden, daß das Kohleland Nordrhein-Westfalen bei den Strompreisen mehr und mehr ins Hintertreffen gerät. Dem RWE ist es dank seiner billigen Braunkohle und seiner Kernkraftwerke wenigstens noch gelungen, sich in der Spitzengruppe der billigen Stromanbieter zu halten; die fast ausschließlich auf Steinkohle angewiesenen VEW, deren Kernkraftwerk Lingen noch im Bau ist, sind ziemlich weit zurückgefallen.

Umweltauflagen treiben die Preise

Während die Versorgungsunternehmen im Norden und Süden ihre Kernkraftwerke mit unveränderten Kosten betreiben können und deshalb auch ihre Preise weitgehend stabil gehalten haben, treiben in Nordrhein-Westfalen vor allem Umweltauflagen die Preise. 1,5 bis 2,5 Pfennig je Kilowattstunde kostet allein die Entschwefelung der Rauchgase. Für die inzwischen ebenfalls vorgeschriebene Entstickung kommt nach Angaben der Stromwirtschaft mindestens noch ein Pfennig hinzu. Am Standort Voerde sind die neuen Blöcke A und B mit Rauchgasentschwefelungsanlagen in Betrieb gegangen, auch das Gemeinschaftskraftwerk West wird nachgerüstet. Mit modernsten Umweltschutzanlagen wird auch das neue Heizkraftwerk Walsum ausgerüstet, nach dessen Inbetriebnahme ein Teil der alten Walsumer Kapazitäten stillgelegt wird.
Die STEAG hat gegen die Umweltauflagen nie gemeutert. Bei einem Besuch von Ministerpräsident Johannes Rau in Voerde sagte der STEAG-Vorstandsvorsitzende Dr. Hans Krämer: „Sie dürfen versichert sein, daß wir in konstruktiver Weise alles in unseren Kräften Stehende tun werden, um die Umweltschutzanlagen möglichst bald in Betrieb zu nehmen." Das zu tun, ist für die Betreiber von Kohlekraftwerken allerdings auch Selbstschutz. Denn seit das Waldsterben mit dem Auswurf der Kraft-

werksschlote in Verbindung gebracht wird, geht es um die Akzeptanz der Kohleverstromung in der Öffentlichkeit. Der Preis ist freilich die Beeinträchtigung der Wettbewerbsfähigkeit, denn für die Umweltkosten gibt es im Verstromungsgesetz keinen Ausgleich. Aber in einer Mischung aus Braunkohle-, Steinkohle- und Atomstrom, wie sie das RWE zur Hand hat, kommt für die Wirtschaft des Niederrheins noch ein vergleichsweise akzeptabler Strompreis heraus.
Der Atomstrom wird allerdings in anderen Bundesländern produziert; am Niederrhein steht lediglich der Schnelle Brüter in Kalkar, das umstrittenste und gemessen an seiner Leistung teuerste Kernkraftwerk der Bundesrepublik. Wenn man beim Baubeschluß auch nur im entferntesten geahnt hätte, was da auf die Bauherren zukommen würde, der erste Spatenstich wäre wohl unterblieben.

Der Bau von Anlagen zur Rauchgasreinigung beansprucht bei der Errichtung und bei der Umrüstung von Kraftwerken einen großen Teil der Ingenieurskapazität. Der bei der Rauchgasentschwefelung anfallende Gips ist dem Naturgips gleichwertig. Sein Einsatz bei der Herstellung von Gipsprodukten und Baustoffen schont natürliche Vorkommen.

Zukunftstechnologie im Spannungsfeld politischer Auseinandersetzungen: Der als Forschungs- und Demonstrationsreaktor errichtete Schnelle Brüter in Kalkar-Hönnepel wurde zum umstrittensten Kernkraftwerk der Bundesrepublik.

Ein anderes Kernkraftwerksprojekt, das am Niederrhein vorgesehen war, ist in der Tat gar nicht erst in Angriff genommen worden. Da hatte nämlich das RWE einmal die Absicht, in Vahnum bei Wesel zwei Leichtwasserreaktoren mit je 1300 MW Leistung zu bauen. Anfang 1974 wurde der Antrag auf die erste Teilerrichtungsgenehmigung gestellt, aber dann wurde es still. Im RWE-Geschäftsbericht für 1980/81 heißt es noch: „Für das Kernkraftwerksprojekt Vahnum/Ndrrh. ist die Bearbeitung des Genehmigungsverfahrens seitens der Behörden noch nicht wieder aufgenommen worden", zwei Jahre später ist Vahnum aus der Berichterstattung verschwunden. Wesentlicher Grund ist, daß das RWE, nicht zuletzt angesichts der wachsenden politischen Schwierigkeiten, kein neues Kraftwerk zu bauen gedenkt, zumal der Stromverbrauch nicht so gestiegen ist, wie man das einmal angenommen hatte. Aber für alle Zukunft ist ein Kernkraftwerk am Niederrhein, und damit in der Nachbarschaft eines großen Verbrauchszentrums, nicht ausgeschlossen. Der übergeordnete Gedanke dabei: Die Wirtschaft braucht, um lebensfähig und konkurrenzfähig zu bleiben, eine gesicherte und kostengünstige Energieversorgung.

Kohlebenzin und Mineralöl

Weitgehend abgeschlossen ist dagegen ein Kapitel der Energiegeschichte, das mit dem Jahre 1935 begann. Damals beschloß die Gewerkschaft Rheinpreußen, Treibstoff aus Kohle zu erzeugen. Das paßte in die Autarkie-Bestrebungen des Dritten Reiches und diente natürlich auch der Kriegsvorbereitung. „Der Aufbau", so heißt es in einem Bericht der Zeitschrift der IHK Duisburg, „erfolgte in atemberaubender Geschwindigkeit: Februar 1936 Baubeginn, Juli 1936 Inbetriebnahme der ersten Anlagen, Anfang Oktober 1936 erste Benzinverladung. Die ursprünglich geplante Kapazität von 30 000 Tonnen im Jahr wurde schon während des Aufbaus auf 50 000 Tonnen und im Endausbau auf 70 000 bis 75 000 Tonnen erhöht."

Im Krieg wurden die Anlagen zur Erzeugung von Synthese-Benzin völlig zerstört, an Treibstofferzeugung dachte niemand mehr. Dafür aber an Chemie, die schon beim Aufbau als zweites Bein eingeplant wurde. So betreibt die Deutsche Texaco AG, bei der die ehemaligen Rheinpreußen-Betriebe gelandet sind, auf diesem Gelände in ihren Chemischen Werken Meerbeck wesentliche Anlagen der deutschen petrochemischen Industrie. Benzin wird aber am Niederrhein auch wieder hergestellt, jetzt allerdings auf klassische Weise, aus Rohöl nämlich. Ende der fünfziger Jahre nahm in Duisburg eine richtige Raffinerie den Betrieb auf. Sie gehört der Deutschen Fina, einer Tochter des belgischen Mineralölkonzerns Petrofina. Sie kann heute jährlich zwei Millionen Tonnen Rohöl verarbeiten.

Der Startschuß für den Bau fiel in eine Zeit, in der die Deutschen das Heizöl entdeckten, in der aber auch die Motorisierung auf Touren kam. Mit den alten Raffinerien an der Küste war der immens steigende Bedarf nicht zu decken; neue Rohölverarbeitungskapazitäten entstanden im Binnenland. Gleichzeitig wurde ein Pipeline-Netz gebaut, das von Supertankern bedient wurde und das Rohöl billig an die neuen Standorte brachte.

Die neue Großanlage zur Herstellung von Sekundär-Butylalkohol, einem Vorprodukt für Lacke und von Lösungsmitteln, in Moers-Meerbeck zeichnet sich durch neuartige energiesparende und besonders umweltfreundliche Verfahren aus.

Außer der Fina erkor auch die Deutsche BP AG den Niederrhein zum Standort; sie baute in Hünxe bei Wesel eine Raffinierie, die bald zu den größten in der Bundesrepublik zählte. Als sie 1960 den Betrieb aufnahm, konnte sie jährlich vier Millionen Tonnen Rohöl durchsetzen, 1978 erreichte sie mit 9,9 Millionen Tonnen die Kapazitätsspitze. Aber schon die zweite Ölkrise, die 1980/81 ausbrach, läutete den Rückzug ein. 1981 wurde die Kapazität durch Teilstillegung auf sechs Millionen Tonnen verringert, von 1982 an statt Rohöl nur noch sogenannter Rückstand verarbeitet, und 1986 kam dann das Ende. Was übrigens kein Einzelfall war; auch andere Ölkonzerne haben ganze Raffineriestandorte geschleift, als es mit der Nachfrage bergab ging.

Da hat sich ein anderer Energieträger, der bei uns erst in der Nachkriegszeit Karriere machte, besser gehalten: das Erdgas. Und der Kammerbezirk kann hier sogar mit einem Hoflieferanten aufwarten, der Pionierfunktion hatte. Denn die Thyssengas, die bis 1965 Thyssensche Gas- und Wasserwerke GmbH hieß, war 1966 das erste Ferngasunternehmen der Bundesrepublik, das Gas aus den benachbarten Niederlanden bezog. Noch früher dran war nur die Energieversorgung Weser-Ems AG in Oldenburg, die aber nur ihren eigenen Bedarf deckte.
Ehe Thyssengas jedoch an das große Gasfeld in Groningen angeschlossen wurde, traten dessen Besitzer in den Gesellschafterkreis ein. Esso und Shell erwarben von der Thyssen-Bornemisza-Gruppe je 25 Prozent des Kapitals, gleichzeitig wurde die Gesellschaft Thyssengas umgewandelt. Gleich hier sei angemerkt, daß Hans Heinrich Baron Thyssen-Bornemisza zu Beginn des Jahres 1981 auch den Rest seiner Anteile verkaufte. Seitdem hält die jüngst teilprivatisierte Vereinigte Industrie-Unternehmungen AG (VIAG) 50 Prozent des Kapitals der Gesellschaft, die schon 1971 in eine GmbH zurückverwandelt worden war.
Fünfzig Jahre zuvor, 1921 also, war in Hamborn die Gasgesellschaft mbH gegründet worden. ,,In dem neuen Unternehmen,'' so heißt es in der Thyssengas-Chronik, ,,wird die Ferngasversorgung der August-Thyssen-Hütte-Gewerkschaft, die von ihrer Betriebsabteilung Gas- und Wasserwerk durchgeführt wird, verselbständigt''; denn von den Kokereien der Hüttenwerke und des Bergbaus wurde im westlichen Ruhrgebiet weit mehr Gas erzeugt, als hier unmittelbar abgesetzt werden konnte.
1926 wird dann die Gewerkschaft Walsum gegründet, deren Kuxe bei der Gasgesellschaft liegen. Walsum soll Kohlegrundlage für die Gasgesellschaft werden und wird als Betriebsabteilung eingegliedert.
Thyssengas baut später ein Gasleitungsnetz nicht nur für die engere Nachbarschaft, auch rheinaufwärts gelegene Gemeinden werden versorgt. Daran ändert sich nichts,

Beim Bau einer Erdgasleitung ist die Durchquerung von Flüssen immer noch eine besondere Aufgabe für die Ingenieure. Hier ein sogenannter Düker durch den Rhein bei Duisburg im Zuge eines Transportweges für Erdgas aus nördlichen Quellen.

als 1966 das erste Holland-Gas strömt. Thyssengas liefert heute nach Aachen und in die Eifel, nach Köln und ins Bergische Land, nach Mülheim und nach Mönchengladbach. Daß der niederheinische Raum bis an die holländische Grenze zum Versorgungsgebiet gehört, ist ja beinahe eine Selbstverständlichkeit. Insgesamt beliefert Thyssengas 33 Energieversorgungsunternehmen im westlichen Nordrhein-Westfalen mit Erdgas.

Inzwischen kommt das Gas nicht mehr nur aus Holland, vielmehr wird seit 1979 auch Gas aus der norwegischen Nordsee bezogen, und seit 1984 liefern die Sowjetunion und deutsche Produzenten Gas für den Niederrhein. Seit dem Beginn des Erdgaszeitalters hat sich der Gasabsatz mehr als verzehnfacht. 1965, im letzten Jahr der Kokereigaszeit, lag er bei 5,5 Milliarden Kilowattstunden (kWh), 1986 waren es gut 57 Milliarden kWh. Die Angabe in kWh ist erforderlich, weil Kubikmeter und Kubikmeter nicht das gleiche sind. So ist der Heizwert von Erdgas rund doppelt so hoch wie der von Kokereigas, und innerhalb der Erdgassorten gibt es auch noch Unterschiede.

Wie bei Kohle, Strom und Mineralöl ist auch der Verbrauch von Gas im Duisburger Raum überdurchschnittlich hoch. Hier hatten Bergbau und verarbeitendes Gewerbe, bezogen auf den gesamten Gasverbrauch des Bundesgebietes, 1985 einen Anteil von 5,2 Prozent.

Das Bild der Energielandschaft am Niederrhein ist vielfältig, dem bisher Aufgezählten muß noch die Fernwärmeversorgung hinzugefügt werden. Aber die Kohle ist der Ausgangspunkt und noch immer die Basis. Deren Schicksal liegt heute mehr denn je in den Händen der Politiker. Die Duisburger Industrie- und Handelskammer hat das so formuliert: ,,Der Kammerbezirk ist nach Verbrauch, nach Erzeugung und Verteilung eines der herausragenden Energiezentren der Bundesrepublik Deutschland. Hier werden von etwa 2,5 Prozent der Bundesbevölkerung immerhin gut 12 Prozent des gesamten industriellen Energieverbrauchs der Bundesrepublik in Anspruch genommen. In dieser Region werden 25 Prozent der Ruhrkohle und gut 20 Prozent der deutschen Steinkohle gefördert. Daraus wird klar, welche Bedeutung Energiepolitik für uns hat, welche Bedrohung von einer fehlerhaften Politik auf uns, mehr als auf andere, ausgeht.''

Heinz-Günter Kemmer

Neben der Industrie hat auch in der Landwirtschaft der Energieverbrauch ein beträchtliches Gewicht. Die Gewächshäuser des niederrheinischen Gartenbaus werden fast ausnahmslos mit Erdgas beheizt.

Umweltschutz und Entsorgung

Zukunftsaufgabe und Prüfstein

Kaum ein anderes Thema wird so kontrovers diskutiert wie das des Umweltschutzes. Über kein Thema wird auch so viel diskutiert. Da bleibt es nicht aus, daß oft zuviel geredet und zuwenig angepackt wird. Gefragt ist vor allem mehr Sachlichkeit. Angesichts dessen, was die Industrie für den Umweltschutz aufgewendet hat, mag manch einer sagen, das Ergebnis dieser Bemühungen falle bisher eher bescheiden aus. Aber es ist so leicht zu belegen, daß etwas produziert oder geschaffen wurde. Viel schwieriger ist es zu beweisen, daß etwas verhindert wird.

Wenn mit Umweltschutz heute in der Öffentlichkeit eher die Assoziation mit vorausgegangenen ,,Sünden'' verbunden ist, so liegt das nicht zuletzt auch daran, daß die Wirtschaft selbst bisher unverständlicherweise nicht in der Lage gewesen ist, ihre Erfolge, die unbestreitbar positive Seite, allgemein bewußt zu machen.

Wolken aus qualmenden Schloten waren noch bis Mitte der 50er Jahre ein Symbol wirtschaftlicher Kraft und des Wohlstandes. Nirgenwo rauchten die Schornsteine mehr als an Rhein und Ruhr. Aber wohl auch an keinem anderen Ort wurde das Thema ,,Umweltschutz'' von der Wirtschaft früher und mit größerem Ernst angepackt als in Duisburg. Karlheinz Voß (,,Handelsblatt'') verdeutlicht die vielfältigen umweltschützenden Maßnahmen und Pläne dieser Industriestadt.

Kraftwirtschaft denkt richtungweisend

Am 11. Dezember 1986 herrschte an der Zirkelstraße, im Duisburger Industrie-Stadtteil Hochfeld, Hochstimmung. Und was durchaus nicht immer der Fall ist: die Gäste aus Wirtschaft, Politik und Verwaltung waren sich einig. Die Stadtwerke Duisburg nahmen ein Heizkraftwerk in Betrieb, das neue Maßstäbe setzt. Das 200-Millionen-Projekt (mit 87 Millionen Mark von Bund und Land gefördert) gilt als unübertroffen umweltfreundlich. Die vorgeschriebenen Schadstoff-Grenzwerte werden weit unterschritten. Es arbeitet mit der sogenannten Wirbelschicht-Feuerung, bei der der entscheidende Teil der Schadstoffe, etwa Schwefeldio-

links
Bilder von Cornelius Wagner, wie das Gemälde aus dem Börsensaal der Industrie- und Handelskammer, sind Dokumente der Technikgeschichte und, im Vergleich zur heutigen Wirklichkeit, ein Stück industrieller Nostalgie. Die besondere Standortqualität des Duisburger Raumes hatte schon früh zu einer unvergleichlichen Verdichtung wirtschaftlicher Kräfte geführt. Noch vor 30 Jahren waren hier rauchende Schlote ein Symbol wirtschaftlicher Dynamik.

Auf modernstem Standard: Das Heizkraftwerk Zirkelstraße mit Wirbelschicht-Feuerung.

xid, bereits in der Brennstoffkammer chemisch umgewandelt wird. Diese Stoffe erreichen also erst gar nicht den Kamin, um dort als Emissionen in die Luft zu gelangen. Das Restprodukt ist Gips und für ihn hat der Markt durchaus einen Bedarf.

Als die Duisburger Techniker vor einigen Jahren das ehrgeizige Projekt in Angriff nahmen, rechneten nicht wenige Beobachter mit einem Flop. Denn bisher verwendete man die Wirbelschicht-Feuerung, genauer gesagt, in diesem Fall die zirkulierende atmosphärische Wirbelschicht-Feuerung (ZAWSF) lediglich in kleineren Einheiten. Unter diesem Blickwinkel konnten die Duisburger Stadtwerke Pionierarbeit leisten. Immerhin werden mit dem Duisburger Heizkraftwerk 20 000 Wohnungen mit Fernwärme bedient.

Der Umweltminister des Landes Nordrhein-Westfalen kommentierte das Ereignis: ,,Ein Beweis, daß saubere

Kohle Zukunft hat." Was für die niederrheinische Region ebenfalls von enormer Bedeutung ist: Jährlich 200 000 t Kohle werden hier verfeuert. Sie stammen ausschließlich aus der Zeche in Walsum und liefern hier einen Beitrag zur Sicherung von mehreren hundert Arbeitsplätzen.
Ermutigende Nachrichten kommen auch aus Voerde und Walsum. Dort arbeitet die Ruhrkohle-Tochter STEAG AG mit Nachdruck an verbesserten Verfahrenstechniken zur Entstickung der Rauchgase. Zur weiteren Minderung der Stickstoffoxide erprobt, die STEAG den Einsatz von Katalysatoren. Für das im Bau befindliche Heizkraftwerk Walsum wird zur Entstickung der Rauchgase auf der „heißen Seite" zwischen Kessel und Luftvorwärmer eine Stickstoffoxid-Minderungsanlage errichtet, eine Anlage, die so ausgelegt ist, daß sie den Anteil an Stickstoffoxiden je Kubikmeter Rauchgas von bisher 500 Milligramm auf weniger als 200 Milligramm reduziert.

Millionenaufwendungen für ein paar Gramm Hüttenstaub

Von 1955 bis 1971, so hat eine Erhebung der Industrie- und Handelskammer ergeben, hat die Industrie des Duisburger Raumes mehr als eine Milliarde Mark an Luftreinhaltemaßnahmen aufgewandt, und damals waren Erfolge auf diesem Gebiet noch leicht zu erzielen. Noch 1960 lag der Staubanfall je Tonne Rohstahl bei 18 bis 19 Kilogramm. Das war beim Thomasverfahren schon eine ganze Menge, und ältere Mitarbeiter der Hüttenwerke erinnern sich noch, wie man damals täglich zahlreiche Dächer von Industrieanlagen schon deshalb von Staubmassen befreite, um ihr Zusammenbrechen zu verhindern. Aber allein innerhalb der sechziger Jahre gelang es, mit einem Kostenaufwand von 100 Mark je Tonne Staub, diese Emissionen auf 2 Kilogramm je Tonne Rohstahl zurückzuführen. In den siebziger Jahren folgte dann der Start zu einer neuen

Forschung hilft, Umweltprobleme in den Griff zu bekommen. Die Entstaubung der aus den Schornsteinen entweichenden Ofengase ist weitgehend gelöst. Ein weiteres Aufgabengebiet ist die sogenannte „Sekundärentstaubung" in den Gießhallen der Hochöfen.

Entstaubungsgeneration: Absaugung von Staub aus Gießhallen und von Sinteranlagen. Die alten Zyklone wurden durch Elektrofilter ersetzt. Dadurch gelang es, die Emissionen weiter um 450 Gramm je Tonne Rohstahl zu senken. Die hierfür nötigen Kosten je Tonne abgeschiedenem Staub lagen bei 3000 DM.
Dann jedoch begann die „Feinarbeit": Durch die Erfassung der Sekundärstaubquellen in den Stahlwerken sowie den Ersatz der klassischen Naßreinigung durch Trockenelektrofilter wurden seit Beginn der achtziger Jahre zusätzliche Erfolge in der Staubverminderung erreicht. Aber nunmehr fallen bei einer weiteren Emissionsverminderung um kaum mehr als 500 Gramm je Tonne Rohstahl Kosten in Höhe von 10 000 DM je Tonne Staub an.
Aus diesen Zahlen wird der gewaltige Kostenanstieg deutlich, der mit jeder zusätzlich geforderten Luftreinhaltemaßnahme verbunden ist, aber auch die ökologische Fragwürdigkeit dieses „Umweltschutzes"; denn das Herausfiltern noch einiger weiterer Gramm Staub im Hüttenwerk erfordert einen hohen Einsatz an zusätzlicher Energie, deren Erzeugung in den Kraftwerken wiederum Umweltbelastungen bewirkt.
Aber obwohl weitere wirksame Entstaubungen in der Stahlindustrie technisch kaum mehr möglich sind und obwohl die geringeren restlichen Staubmengen, die et-

Eine Duisburger Neuentwicklung ist die „denkende Entstaubungsanlage". An jeder Emissionsquelle werden Abgase, Schadstoffe und Stäube exakt mit soviel Energie abgesaugt, wie es dem jeweiligen Aufkommen in den metallurgischen Prozessen entspricht.

wa bei Umfüllvorgängen von Roheisen und Stahl anfallen, zwar optisch durch ihre rote Farbe gut wahrnehmbar sind, sich außerhalb des Werkes aber kaum mehr niederschlagen, erfordern die neuen Vorschriften der „Technischen Anleitung zur Reinhaltung der Luft" (TA Luft) von den Hüttenwerken zusätzliche Maßnahmen, die in den Werken jeweils zweistellige Millionenbeträge erfordern, um beispielsweise bei den Sinteranlagen den Entstaubungsgrad von derzeit 98 auf 99 Prozent, in den Oxygenstahlwerken von 99,86 auf 99,93 Prozent und in den Elektrostahlwerken von 99,75 auf 99,9 Prozent zu erhöhen, und zwar für Stoffe, deren Verminderung zwar erhebliche Kosten verursacht, deren Verringerung jedoch in der Umgebung der Werke meßtechnisch kaum mehr wahrnehmbar ist.
Für die Hüttenwerke jedoch ist der so im Zuge der Luftreinhaltung abgefangene zusätzliche wertlose Staub der teuerste Stoff in der Produktionspalette der Stahlindustrie schlechthin.

Smog – ein nebelhafter Begriff

Trotz der erfolgreichen Bemühungen der Industrie für die Gesundung der Umwelt – über den Berg sind wir noch nicht. Aber das Ruhrgebiet ist heute keineswegs

Als vor 25 Jahren die nichtentstaubten Thomaskonverter durch prozeßentstaubte Oxygenstahlwerke ersetzt wurden, lag der Staubauswurf eines Hüttenwerks noch bei 15 Kilogramm je Tonne Rohstahl. Nach Milliarden-Investitionen in den letzten Jahren emittiert die gleiche Hütte auf dem gesamten Erzeugungsweg von der Erzverladung bis zur Auslieferung der Produkte an den Kunden weniger als 2 Kilogramm.

mehr das „Dreckloch“, als das es früher einmal verschrieen war. Und Luftbelastung ist auch, wie die Smog-Alarme in verschiedenen Bundesländern zu Beginn des Jahres 1987 zeigten, keineswegs ein spezifisches Problem der schwerindustriellen Ballungsräume. So ist es auch bemerkenswert, daß trotz der industriellen Ballung und trotz der niedrig angesetzten Grenzwerte Smog-Alarm-Situationen im Ruhrgebiet keineswegs typisch, sondern Ausnahme sind.

Umweltbelastung als Herausforderung

Im Grunde sind es die Bedrohungen auf fünf Gebieten, die uns täglich zu schaffen machen. Am schwerwiegendsten wohl sind trotz aller Erfolge beim Stahl und langsam auch bei den Kraftwerken die Schadstoffbelastungen der Luft. Aber Stäube, Schwefeldioxide, Stickstoffoxide und Kohlenmonoxide werden nicht zuletzt auch durch Autoabgase und private Feuerungen hervorgerufen. Nur das Ausmaß ihrer Wirkungen auf das Waldsterben ist noch umstritten.

Neben der Luft sind auch der Boden und das Wasser gefährdet. Abfälle von Metallen, Säuren, Düngemitteln und Pflanzenschutzmitteln beeinträchtigen das Biosystem des Bodens oder sickern in das Grundwasser.

Das mit Schadstoffen überfrachtete Oberflächenwasser droht umzukippen. Hinzu kommt der Müllberg. Er wächst und ist künftig nicht mehr unterzubringen; und der Lärm belästigt die Menschen immer mehr und beeinträchtigt die Gesundheit.

Diese Belastungen sind zugleich Herausforderungen und Chancen für Wissenschaft und Technik und damit auch für die Industrie. Ihre Bewältigung schafft aber auch neue Arbeitsplätze.

Gerade im westlichen Ruhrgebiet und am Niederrhein sind auf diesem Gebiet erfolgversprechende Ansätze sichtbar. So gibt es, wie eine umfangreiche Liste der Duisburger Industrie- und Handelskammer zeigt, allein in Duisburg und in den Kreisen Wesel und Kleve mehr als 40 Unternehmen unterschiedlichster Größe, die als Hersteller oder mit ihrem Dienstleistungsangebot Umweltschutz-Know-how besitzen. Ihr Arbeitsfeld reicht in der Abfallwirtschaft von der gewerblichen Entsorgung und von Spezialtransporten bis zum Recycling, von der Abbruchtechnik und Abwasserreinigung, Schlammbehandlung, Luftreinhaltung am Arbeitsplatz, Abgasentgiftung und Filtertechnik, Herstellung von Materialien zur Lärmdämmung, speziellen Meß- und Regeltechniken für Abfall, Lärm, Luft und Wasser sowie umweltschonende Energieproduktion und Sicherheitsmaßnahmen bis zur Beratung und Information. Denn in einer von traditioneller Schwerindustrie geprägten Region sind naturgemäß nicht nur die Probleme größer als in jungen Industrieansiedlungen; auch die Sensibilität der hier lebenden und arbeitenden Menschen ist höher als andernorts; und entsprechend offen steht man den Problemen gegenüber: Man verleugnet sie nicht, sondern man spricht darüber. Und nicht zuletzt deshalb sind so viele Problemlösungen auch erfolgreich in Angriff genommen worden.

Auf dem „größten Schrottplatz Europas", der Schrottinsel im Ruhrorter Hafen, werden in einer 4000 PS starken Großshredderanlage Autos in Sekundenschnelle in faustgroße Stücke zerschlagen. In einem nächsten Arbeitsgang trennen Magnettrommeln den Schrott von Verunreinigungen. Am Ende bleibt hochwertiger, sehr reiner Schrott übrig.

Entsorgung und Recycling

Wo produziert wird, entsteht Abfall. Insofern ist der Abfall und zwangsläufig die Entsorgung des Abfalls Bestandteil der Produktion. Erst mit der Entsorgung ist das Ende der Produktionskette erreicht.

Schutz der Umwelt, so zum Beispiel die Drosselung der Schadstoffemissionen in Kraftwerken und Industrieunternehmen, die effektivere Reinigung der Gewässer oder die Verbrennung von Müll und Giftstoffen, beinhaltet zugleich das Entstehen von Abfall. Sicher lassen sich aus dem Abfall neue Rohstoffe gewinnen. Dies ist auch wirtschaftlich und ökologisch sinnvoll, weil Beseitigung immer kostspieliger wird oder mit dem Recycling andere Ressourcen geschont werden. Beispiel: Um eine Tonne Aluminium aus Bauxit zu gewinnen, sind siebeneinhalb Tonnen Steinkohle-

Ein Zwischenprodukt des Recyclings: Briketts aus pelletierten Stahlwerkstäuben und Zinkaschen, etwa seifenstückgroß, werden nach einem in Duisburg entwickelten Spezialverfahren mit zur Zink- und Bleigewinnung eingesetzt.

einheiten erforderlich. Das ist die zehnfache Menge an Energie, als wenn Schrott verwendet wird. Das ist ein wichtiger Denkansatz, und die Industrie der Bundesrepublik ist inzwischen so weit, den Anteil von Alt- und Abfallmaterial am Gesamtverbrauch auf erfreulichere, bei einigen Metallen sicher noch zu steigernde Raten zu bringen. Bei Aluminium sind es fast 30 Prozent, bei Zink über 30 Prozent, bei Kupfer mehr als 40 Prozent und bei Blei über 50 Prozent.

Bemerkenswert ist, daß das einzige Unternehmen in Europa, das Zink aus Stahlwerkstäuben gewinnt, in Duisburg sitzt. Die Berzelius Metallhütten-GmbH filtert durch einen speziellen thermischen Prozeß aus diesen Abfallstoffen einen konzentrierten Metalloxidstaub heraus, der zu seifenstückgroßen Briketts verpreßt wird, und aus dem im Schachtofen wertvolle NE-Metalle gewonnen werden. Auch dieses Recycling-Verfahren ist eine Eigenentwicklung der Berzelius Metallhütte, die bei der Wiederverwertung von blei-, zink- und zinnhaltigen Abfallstoffen in der Branche führend ist und mit der Rückgewinnung von Schwermetallen für die deutschen Elektrostahlwerke ein wichtiges Deponieproblem praktisch gelöst hat. Allein aus der Wiederaufbereitung der Stahlwerkstäube gewinnt das Unternehmen pro Jahr 1000 Tonnen Zink, 2500 Tonnen Blei und 20 Tonnen Cadmium zurück, die an weiterverarbeitende Betriebe verkauft werden.

Bei aller Möglichkeit der Wiederverwertbarkeit, eines ist doch gewiß: Es bleibt ein Rest, es bleibt der Müll. Er muß deponiert werden, er muß irgendwo bleiben, auch wenn ihn eigentlich jeder einzelne in seiner Umgebung nicht gelagert haben will. Jeder sollte sich fragen, wie oft Umweltschutz dadurch nicht praktiziert worden ist, daß man einerseits „gerne" mit Müll, etwa mit Verpackungsmaterial, lebt, andererseits dessen Beseitigung nicht vor der eigenen Haustür stattfinden lassen will.

Ist eine Entsorgung des Abfalls nicht gewährleistet, ist die Produktion gefährdet mit der Konsequenz einer Schließung. Die Wirtschaft kann nicht mit Bequem-

lichkeit leben; und in der Tat gewinnt diese Einsicht immer mehr Freunde. Die gesicherte Abfallentsorgung ist ein wesentlicher Teil moderner Infrastruktur.
Um die Gewichtung des Abfalls aufzuzeigen, einige wenige Zahlen: Jährlich werden rund 330 Millionen Tonnen Abfall produziert und dies mit steigender Tendenz. Rund 120 Millionen Tonnen steuert die Industrie bei, mehr als 70 Millionen Tonnen stammen aus der Bauwirtschaft in Gestalt von Bauschutt, Bauaushub und Straßenaufbruch. Darüber hinaus fallen im Bergbau rund 70 Millionen Tonnen an. Ferner müssen knapp 40 Millionen Tonnen Klärschlamm und rund 30 Millionen Tonnen Haushaltsmüll beseitigt werden.
Von den rund 200 Millionen Tonnen Industrie- und Bauabfall entfallen rund ein Drittel auf Nordrhein-Westfalen und davon wieder rund ein Drittel auf das Ruhrgebiet, eine Größenordnung, die die Bedeutung für Duisburg und den niederrheinischen Raum unterstreicht. Denn der Schwerpunkt der Industrieabfälle liegt bei der Grundstoff- und Produktionsgüterindustrie. Es folgen Bergbau, Energie- und Wasserwirtschaft, und damit stehen die Basisindustrien des Duisburger Kammerbezirks im Rampenlicht der Abfallproblematik. Größte Einzelabfälle sind Asche, Schlakke und Ruß; aber in der Verwertung von Schlacken hat man in Duisburg erfolgreich Pionierarbeiten geleistet.
Um genügend Deponien auf knappem Raum zur Verfügung zu stellen, bedarf es vielfältiger Bemühungen. Weitere neue Verfahren müssen her, um die „Müllkippen" zu entlasten.
Was ganz aktuell auf den Nägeln brennt, ist die Beseitigung von Sonderabfällen. Das sind Abfallstoffe, die nach Art oder Beschaffenheit besonders gesundheits-, luft- oder wassergefährdend, die explosibel oder brennbar sind oder Erreger von Krankheiten enthalten oder hervorbringen können oder aber allein wegen ihrer Menge gesondert beseitigt werden müssen. Welche Bedeutung diese Abfälle für den Niederrhein haben, zeigen wieder einige Zahlen: Rund 3 Millionen Tonnen Sondermüll fallen bundesweit an, die Hälfte davon in

Früher war für die Reinigung von Tanks der Einstieg des Reinigungspersonals in den Behälter erforderlich. Heute werden, aufgrund Duisburger Entwicklungen, diese Arbeiten durch eine mit dem Spezial-Tankwaschkopf ausgestattete, ferngesteuerte Hochdruckreinigung durchgeführt.

Spezialisten beim Abriß alter Industrieanlagen. Mit einer Sauerstofflanze werden Sprenglöcher in einen Hochofen gebrannt.

Nordrhein-Westfalen, rund 0,7 Millionen im Ruhrgebiet und hiervon allein 0,5 Millionen im Bereich der Stadt Duisburg. Damit ist die niederrheinische Wirtschaft mehr als jede andere auf Entsorgungssicherheit angewiesen.

Neue Umwelttechnik

Ähnliche Probleme wie mit dem Sondermüll lauern auch auf einer ganzen Reihe von alten Deponien und Industriegrundstücken wegen ihrer Altlasten; und im Duisburger Raum sind es überdurchschnittlich viele.
Als ,,Paradebeispiel" für industrielle Altlast wird seit vielen Jahren das Gelände der alten Duisburger Kupferhütte genannt. Aber selbst aus der Sicht der Stadtväter hat diese Altlast ihren Schrecken verloren. Die Sanierung ist längst in Angriff genommen. Denn auch auf dem Gebiet der Beseitigung von Altlasten, für die oft sehr komplizierte Techniken erforderlich sind, hat die Industrie an Ruhr und Niederrhein die Nase vorn. Sie hat aufgrund der Erfahrungen vor Ort und aufgrund der unternehmerischen Weitsicht, sich Know-how auch von außerhalb dieser Region zunutze zu machen, ein neues Standbein für die Zukunft entwickelt.
Zum Beispiel bieten die Klöckner Oecotec GmbH, Duisburg, und weitere Beteiligungsgesellschaften des Klöckner-Hauses Umweltschutztechniken und Dienstleistungen zur Boden- und Grundwassersanierung mit an. Zu diesen innovativen, aber bereits praxiserprobten Technologien zählt beispielsweise das sogenannte Hochdruck-Bodenwaschen, durch das es möglich ist, mit einer mobilen Anlage unmittelbar auf der Altlast die Schadstoffe fast vollständig aus dem Erdreich auszusondern. Neben sauber gewaschenem Boden, der zur Wiederverfüllung oder für andere bodenmechanische Verwendung zur Verfügung steht, liegen die Schadstoffe nach der Behandlung aufkonzentriert als Filterkuchen zur Entsorgung vor.
Auch auf chemischen Wege können mit Duisburger Know-how Schadstoffe bewältigt werden: Sie werden

Erheblich reduzierte Umweltbelastung, verminderter Energieaufwand und bessere verfahrenstechnische Bedingungen sind das Ergebnis einer zehnjährigen erfolgreichen Entwicklungsarbeit in einer Duisburger Metallhütte: die völlig neuartige Technologie des „QSL-Verfahrens" zur Produktion von Blei aus Bleikonzentraten, geringwertigen Bleierzen und bleihaltigen Rückständen. Die Lizenzvergabe ist ein Beispiel für erfolgreichen Know-how-Export.

fixiert und eingekapselt, wobei für den Laien kaum verstehbar letzlich aus den erhaltenen chemischen Produkten ein sehr gut verdichtbarer Bodenbaustoff gewonnen werden kann, der selbst für anspruchsvolle Verwendungszwecke nutzbar ist. Eine weitere Umwelttechnologie, die mikrobiologische Bodensanierung, wie sie Klöckner in Verbindung mit einem englischen Kooperationspartner anbietet, ist vor allem für Altlasten von früheren Raffinerien und Kokereien geeignet.
Sonderabfälle und ihre Beseitigung, mit dieser komplexen Thematik beschäftigt sich seit über 20 Jahren in Duisburg auch die Haniel Umweltschutz GmbH. Ihre Aktivitäten in den Geschäftsbereichen Abfallbeseitigung, Mobile Schlammentwässerung und Technische Dienstleistungen begannen 1966, als die ersten Sonderabfälle in Richtung süddeutsche Tongruben gebracht wurden. Heute ist diese Gruppe in der Bundesrepublik Branchenführer. Allein im letzten Jahr transportierte der Fuhrpark 1,3 Millionen Tonnen Sonderabfälle, inklusive Schlamm. Und die hauseigenen Tüftler aus Duisburg zeigen regelmäßig Flagge. So war das Dienstleistungsunternehmen S + I auch das erste Unternehmen der Welt, das mobile Schlammentwässerungs-Anlagen einsetzte.
Zu den Spezialisten auf dem Gebiet der Entsorgung gehören auch mittelständische Unternehmen, wie die

Umwelttechnische Entwicklungsarbeiten in einem schalltechnischen Labor in Neukirchen-Vluyn. Sie dienen der weiteren Verbesserung strömungsgeräuscharmer Luftfilter für die Reinraumtechnik, zum Beispiel für Operationssäle oder für die Herstellung von Mikrochips.

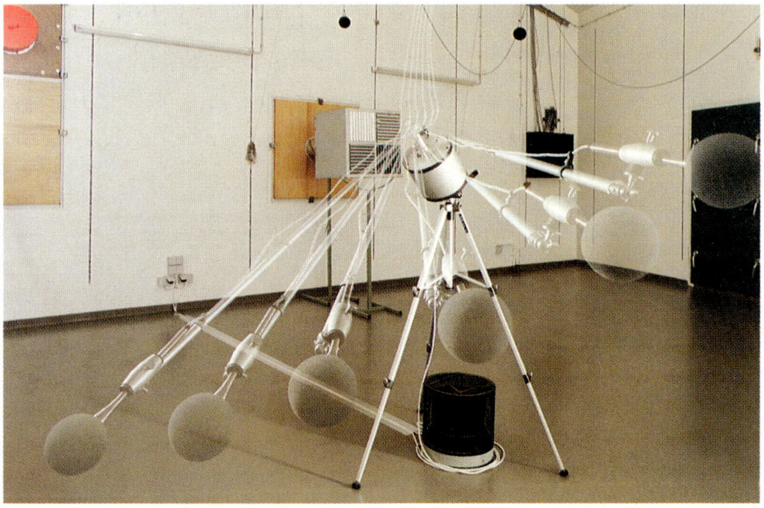

Kluge Umweltschutz GmbH in Duisburg-Walsum; und ebenso sei ein Beispiel aus dem Bereich des Wassers genannt: Im Duisburger Nordhafen hat im Herbst 1986 die erste Abwasser-Reinigungsanlage für Tankschiffe auf dem Rhein ihren Betrieb aufgenommen. Auch sie stellt einen Beitrag zur Reinhaltung der Umwelt, zur Reinhaltung des größten deutschen Flusses, im Duisburger Hafen, dar. Bisher hatte es für die 1 500 Rheintanker lediglich zwei niederländische Reinigungsanlagen gegeben. Die Duisburger Anlage übernimmt die Reinigung von Schiffstanks und ermöglicht das Entgasen und Ausdampfen von Binnentankern als Vorbereitung für Werftarbeiten und beseitigt Ballast und Tankreinigungswässer und die Rückstände von Chemie- und Ölladungen. Auch die Reinigung von Straßentankwagen ist ins Auge gefaßt.
Innovativ im Umweltschutz sind auch zahlreiche Unternehmen der Investitionsgüterindustrie des Duisburger Raumes, ebenso wie die chemische Industrie, der die Probleme oft besonders auf den Nägeln brennen.
Hier sei als Beispiel nur die Sachtleben Chemie GmbH genannt, die in Duisburg das Weißpigment Titandioxyd herstellt, das weißeste und feinste Pigment, das auf dem Weltmarkt erhältlich ist und für Glanz und Helligkeit von Textilien und Papier ebenso wie generell von Lacken und Farben sorgt. Bei der Herstellung dieses

Hauptproduktes von Sachtleben fallen als Abfallprodukt jährlich 400 000 Tonnen Dünnsäure an, das ist eine aus 77 Prozent Wasser bestehende verdünnte Schwefelsäure, die seit der Aufnahme der Produktion von Titandioxyd vor 25 Jahren unter behördlicher Kontrolle in der Nordsee verklappt wird.
Und auch hier setzen Überlegungen des Umweltschutzes ein; denn die Nordsee könnte im Sinne aller geschont werden, wenn das Unternehmen für die Beseitigung der Dünnsäure eine Ersatzlösung fände. Deshalb hat Sachtleben eine große Investition von 140 Millionen Mark in Angriff genommen, die ausschließlich dem Projekt einer Dünnsäure-Rückgewinnungsanlage dienen soll, durch die das bisherige Abfallprodukt erneut dem Produktionsprozeß zugeführt werden kann.
Nicht selten werden derartige Eigeninitiativen der Industrie jedoch durch administratives Dickicht beinahe im Keim erstickt, wie auch hier in Homberg, wo die Bevölkerung über eine zusätzliche industrielle Anlage nicht gerade erfreut ist. Aber nur so kann das Unternehmen seinen Bestand sichern, die Arbeitsplätze erhalten und auch neue schaffen.

Benötigte man um die Jahrhundertwende noch 200 Liter Wasser, um ein Kilogramm Papier herzustellen, so liegt der Wasserverbrauch im Werk Walsum durch intensive Wiederaufbereitung des gebrauchten Wassers und teilweise geschlossene Wasserkreisläufe nur noch bei 7 bis 8 Litern.

Erfolge sind meßbar

Wasser und Luft sind die beiden Umweltbereiche, in denen die Erfolge industrieller Bemühungen am deutlichsten sichtbar geworden sind; und gerade angesichts ihrer eigenen großen Anstregungen registriert die Wirtschaft am Niederrhein auch die Probleme der Rheinverschmutzung, unter denen sie selbst leidet, empfindlich. Rheinwasser wird von den Hüttenwerken nicht nur erst gesäubert, bevor es in den Produktionsprozeß fließt, es wird auch nur sauber in den Rhein wieder zurückgeführt. Wasserkreisläufe in den Werken stellen sicher, daß zur Erzeugung einer Tonne Stahl heute nur noch 30 Kubikmeter Wasser benötigt werden. Ähnliche Leistungen auf dem Gebiet des Umweltschutzes werden auch von der NE-Metallindustrie, der Chemie

und von anderen Branchen, die auf den Rhein als Brauchwasserreservoir angewiesen sind, vollbracht.
Die erheblichen Verbesserungen der Luftqualität werden durch kontinuierliche Messungen im Rahmen des staatlichen Luftreinhalteprogramms amtlich dokumentiert. Hiernach ist die Luft des Duisburger Raumes heute nicht mehr stärker mit Schwefeldioxyd belastet als in anderen Gebieten der Bundesrepublik, und eine ähnlich positive Entwicklung läßt sich bei den Staubniederschlags-Immissionen feststellen: Die effektiv in der Stadt Duisburg angefallende Staubmenge hat sich in den vergangenen 20 Jahren um 59 Prozent, von 50 400 Tonnen auf 20 900 Tonnen mehr als halbiert.
Aber diese hart erkämpften Erfolge verleiten die Politiker allzu leicht, im gegenseitigen Wettbewerb um die Gunst der öffentlichen Meinung die Belastbarkeit der Wirtschaft auf eine harte Probe zu stellen. ,,Gesetzliche

Der Abbau von Kies und Sand ist ohne Eingriffe in Natur und Landschaft nicht möglich. Die jahrzehntelange Praxis hat gerade am Niederrhein eindrucksvoll bewiesen, daß sich hier die unterschiedlichen Interessen sehr wohl koordinieren lassen. So machen ausgedehnte künstliche Wasserflächen, wie der Wisseler See, den Niederrhein zu einem beliebten Wassersportgebiet. Andere Abbaugelände werden in einen naturnahen Zustand verbracht; denn die Nutzung von Abgrabungsgebieten als Naturreservat für seltene Pflanzen- und Tierarten hat in den letzten Jahren zunehmend an Bedeutung gewonnen.

Vorgaben werden oft ohne hinreichende Berücksichtigung der Auswirkungen auf die Wirtschaft getroffen und die Kalkulierbarkeit der umweltpolitschen Anforderungen an die Betriebe und die notwendige Umsetzung in technische Maßnahmen hierdurch erheblich erschwert sowie die Kostenbelastung der Unternehmen selbst wesentlich verschärft", faßt die Duisburger Kammer zusammen. Sie geht hierbei auf die Vielzahl der Gesetze und Verordnungen auf Bundes- und Landesebene ein, die allein im Jahr 1986 beschlossen, geändert oder wesentlich verschärft wurden und deren Vielzahl deutlich macht, daß der Umweltschutz nunmehr eher einer Phase der Konsolidierung bedarf.

Karlheinz Voß

Das Innovationspotential der niederrheinischen Wirtschaft

International gefragte Spitzenleistungen

Nicht nur die im Duisburger Raum konzentrierte Schwerindustrie nimmt Spitzenpositionen im internationalen Vergleich ein. Auch eine Vielzahl mittelständischer Unternehmen des Wirtschaftsraumes Duisburg-Wesel-Kleve erbringt ganz ungewöhnliche Leistungen. Die Liste dieser regionalen Firmen-Besonderheiten ist so umfangreich, daß sich der Autor Helmut Uebbing („Frankfurter Allgemeine Zeitung") aus räumlichen Gründen auf eine Auswahl beschränken muß.

Eines Tages war angeblich die Kohle im Revier zum Tode verurteilt, und ein gutes Dutzend Jahre später sagten die Pessimisten auch dem Stahl an Rhein und Ruhr das nahe Ende voraus. Beide seien, so hieß es, nicht mehr fähig zum technischen Fortschritt. Aber das war und ist ein Irrtum. Heute fördern die hochmodernen Steinkohlenzechen am Niederrhein (ebenso wie übrigens auch der Salzbergbau im Kreis Wesel), wenngleich mit einer erheblich verringerten Bergarbeiterzahl, mehr von den hochwertigen Bodenschätzen dieses Wirtschaftsraumes als vor dem Beginn der Strukturkrise; und ebenso installierten die Hütteningenieure neuartige Stranggußanlagen, die die Produktivität der Stahl- und Walzwerke schlagartig steigerten. Bei Mannesmann in Duisburg-Huckingen wurde im Zuge der hier seit 1949 laufenden Entwicklungen 1963 der erste Strangguß der Welt auf einer von der Demag in Duisburg konstruierten und gebauten Bogengießmaschine erzeugt. Mehr als 82 Prozent des im Duisburger Bereich ergossenen Stahls laufen heute schon über Stranggußanlagen.

Inzwischen hat auch der Steinkohlebergbau an Rhein und Ruhr internationale Spitzenwerte in der Produktivität erreicht, und in Moers/Kamp-Lintfort arbeitet das Verbundbergwerk Rheinland als größte Steinkohlenuntertageanlage der Welt. Immerhin kommt heute rund ein Fünftel der deutschen Steinkohleförderung vom Niederrhein, und ein Drittel der Kohlevorräte des Ruhrgebietes liegt hier unter dem Boden. Aber auch an der deutschen Stahlproduktion ist Duisburg mit rund

links
Ungewöhnliche Leistungen zeichnen die Industrie des Niederrheins auf vielen Gebieten aus. Das für die Weltraumforschung erbaute Radioteleskop Effelsberg ist ein Beispiel Duisburger Industrietechnik. Um den unterschiedlichen Belastungen, zu denen manches Donnerwetter gehört, standzuhalten, bieten Lacke und Farben mit Titandioxid aus Duisburg einen soliden Schutz.

Der Name ,,Grillo" ist seit Beginn der Industrialisierung Duisburgs mit der Verarbeitung von Zink verbunden (im Bild die Beschickung eines Zinkschmelzofens).

vierzig Prozent beteiligt, an der deutschen Roheisenproduktion sogar mit der Hälfte.

Die enge Nachbarschaft der Betriebe bietet für viele Unternehmen des Bezirks den Vorteil der kurzen Wege zu den Kunden und eines für alle Beteiligten vorteilhaften Produktionsverbundes. So hat zum Beispiel der erhebliche Bedarf der Hüttenwerke bei der Herstellung von Oxygenstahl in Duisburg zur Errichtung mehrerer großer Stauerstoff-Erzeugungsanlagen geführt, die stündlich 125 000 Normalkubikmeter Sauerstoff in ein 170 Kilometer langes Rohrleitungssystem einspeisen und die Hütten- und Chemiewerke des Ruhrgebietes kostengünstig mit diesem vielseitig gebrauchten Element versorgen. ,,Kundennähe" hat auch Messer-Griesheim veranlaßt, seinen Sondergasestandort in Duisburg beispielsweise um die Produktion von Gasen für die Elektronikindustrie zu ergänzen.

Qualität bei Stahl ist keine Selbstverständlichkeit

,,Stahl ist High Tech'', sagt der Vorstandsvorsitzende der Duisburger Thyssen AG, Dr. Dieter Spethmann, wenn ihm jemand weiszumachen versucht, daß es an der Zeit wäre, die Stahlproduktion durch besonders zukunftsträchtige neue Produkte, etwa durch die Herstellung von Komponenten für Computer, zu ersetzen. Der Raum Duisburg-Wesel-Kleve ein neues Silicon Valley? In Wirklichkeit ist ja die Stahlforschung in den letzten Jahrzehnten keineswegs stehengeblieben, sondern auch sie hat beachtliche Fortschritte gemacht. Man hat Stahlsorten mit höherer Zugfestigkeit entwikkelt. Die Automobile sind nicht von ungefähr immer leichter geworden. Denn man hat hochwertige Bleche auf den Markt gebracht, die mit geringerem Gewicht die gleiche Leistung aufweisen wie früher wesentlich dickere Bleche. Darum wäre es auch ein Irrtum anzunehmen, die deutsche Automobilindustrie oder der deutsche Maschinenbau könnten so einfach auf beliebige ausländische Stahlprodukte ausweichen. Sie brauchen den engen Kontakt mit einer Stahlindustrie, die ihnen auf der Basis einer umfangreichen Forschung Produkte nach Maß liefert.
Erwähnenswert ist in diesem Zusammenhang auch die von der Krupp Stahl AG im Hüttenwerk Duisburg-Rheinhausen und von der Thyssen Stahl AG in Duisburg-Hamborn betriebene Entwicklung neuartiger Eisenbahnschienen, die in extremer Kälte eine wesentlich längere Lebensdauer haben als die bisher verwandten Schienen. Große Fortschritte sind bei der Thyssen AG im Bereich der kunststoffbeschichteten Bleche und des aluminierten Stahls gemacht worden.
Angesichts solcher technischen Fortschritte besteht wohl kaum der Zwang, die Stahlarbeiter auf die Fertigung von Chips umzuschulen. Sie arbeiten längst schon selbst im Hüttenwerk mit Hilfe der Datenverarbeitung. Die Computer steuern unter anderem die Walzprogramme und die Beschickung der Hochöfen. Gewiß sind in den vergangenen zehn Jahren im Zuge der euro-

90 Prozent aller im Bundesgebiet gewalzten Eisenbahnschienen kommen aus den Hüttenwerken am Rhein. Ihre Produktionsmenge würde ausreichen, täglich eine Eisenbahnstrecke von 15 Kilometer Länge zu bauen. Extrem lange Schienen werden in speziellen Hallen gelagert.

In zwei 560 Meter langen Elektrolysehallen der Aluminiumhütte Voerde stehen 188 mit Gleichstrom betriebene Schmelzöfen. Sie erzeugen, mit einem Energieverbrauch von 15 000 Kilowattstunden je Tonne Primärmetall, jährlich 78 000 Tonnen Hüttenaluminium.

päischen Strukturkrise am Stahlmarkt sehr viele Arbeitsplätze verlorengegangen. Aber es darf nicht übersehen werden, daß die ehemals reinen Stahlkonzerne, wie Thyssen, Klöckner, Krupp oder Mannesmann, durch Erfindungsgeist und durch Diversifikation ihre Unternehmen insgesamt krisenfest gemacht haben.

Neue Wege bei NE-Metallen

Reich an Innovation ist die Industrie auch in anderen Branchen. Auf dem Gebiet der Nichteisen-Metalle etwa, wo der Kammerbezirk über 60 Prozent der Zinkproduktion und sogar über 85 Prozent der Zinnproduktion in der Bundesrepublik verfügt, ist bei der „Berzelius" Metallhütten-GmbH, Duisburg, ein neues Verfahren für eine besonders umweltfreundliche Bleigewinnung herausgebracht worden. Ebenso hat mit der Grillo-Werke AG der größte Zinkhalbzeughersteller der Bundesrepublik seinen Sitz in Duisburg. In der Aluminiumindustrie, von deren Jahresproduktion in der Bundesrepublik immerhin elf Prozent in den Schmelzöfen des Hüttenwerkes Voerde der Kaiser Aluminium Europe Inc. Deutschland erzeugt werden, hat man kürzlich neue Wege eingeschlagen, die den Energieverbrauch für die Metallerzeugung um fünf Prozent

Kohle hat am Niederrhein auch die Anregung für das Abteufen des bedeutenden Steinsalzbergwerkes in Rheinberg-Borth gegeben, das zu den größten Anlagen dieser Art in Europa zählt. Das hier gewonnene Salz ist, dank seines hohen Reinheitsgrades, ein wichtiger Einsatzstoff in der chemischen Industrie.

senken. Bei der Deutsche Gießdraht GmbH in Emmerich wird eine neue Technik zur Herstellung von Kupferdraht aus flüssigem Metall angewendet.

Zukunftsorientierte Chemie

Die Chemie ist schon von ihrer Natur her hoch innovativ. Am Niederrhein gibt es eine bedeutende chemische Industrie. Hier haben zwei der vier großen deutschen Sodaproduzenten, die Deutsche Solvay-Werke GmbH, Zweigniederlassung Rheinberg, und die Matthes & Weber GmbH, Duisburg, ihren Sitz. Sie erzeugen zusammen 60 Prozent der gesamten Sodaproduktion der Bundesrepublik. An der weltweiten Erzeugung von Titandioxid für die Kunstfaserindustrie ist die Sachtleben Chemie GmbH sogar mit 40 Prozent beteiligt. Natür-

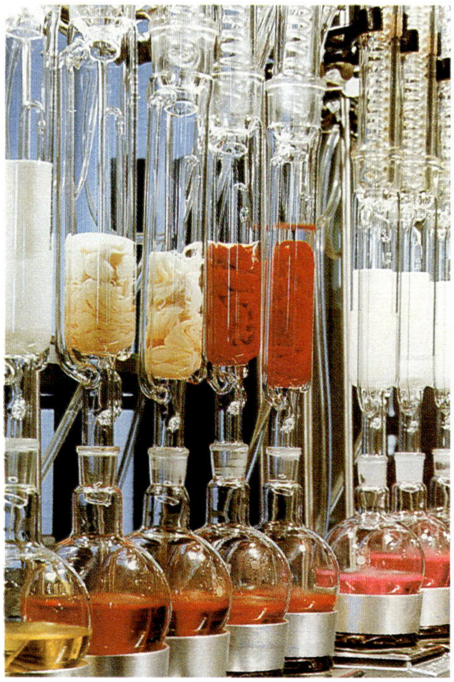

Leuchtende Farben aus schwarzer Kohle. Die Verarbeitung von Teer führt zu einer breiten Skala von Zwischen- und Endprodukten. So gehen von Duisburg-Meiderich aus Grundstoffe für die Farbstoffsynthese an Farbstoffhersteller in aller Welt.

lich liegt es nahe, daß sich in einem Wirtschaftsraum, in dem die Steinkohle eine so bedeutende Rolle spielt, die Kohlechemie hoch entwickelt hat. So verarbeitet in Duisburg-Meiderich die Rütgerswerke AG in einer der beiden größten Teerverwertungsanlagen der Welt etwa 40 Prozent des in Deutschland anfallenden Rohteers zu Chemierohstoffen, zu zahlreichen aromatischen Spezialchemikalien und zu technischem Kohlenstoff, wie er beispielsweise für die elektrolytische Aluminiumherstellung oder die Elektrostahlerzeugung benötigt wird. Aus einem anderen Zweig der Kohlechemie ist die Petrochemie hervorgegangen. So ist unter anderem bei der Deutsche Texaco AG in Moers eine neue Großanlage zur Herstellung von Sekundär-Buthylalkohol in Betrieb genommen worden. Dieses Produkt wird für die Lackindustrie und für die Herstellung von Lösungsmitteln benötigt. An hochkonzentrierten Wirkstoffen für die Lack- und Kunststoffindustrie arbeitet man derzeit in Wesel bei der Byk-Chemie GmbH, wo es beachtliche chemische Forschungskapazitäten gibt. Die Fettchemie ist bei der Unichema Chemie GmbH in Emmerich zu Hause; Katalysatoren für die Hydrierung von Ölen und Fettsäuren sind einer der Schwerpunkte. Die Forschung auf diesem Gebiet ist deshalb so wichtig, weil durch einen vermehrten Einsatz regenerierbarer, sogenannter nativer Rohstoffe einerseits Mineralölreserven geschont werden, zum anderen aber auch die Wirtschaft der tropischen Entwicklungsländer über einen vermehrten Absatz von Ölfrüchten gefördert werden kann.

Die chemische Industrie wird noch in einem anderen Sinne an Bedeutung gewinnen, nämlich durch den Ausbau des Umweltschutzes. So sind einmal Katalysatoren für Entschwefelungs- und Entstickungsanlagen gefragt, zum anderen entstehen neue Produkte, die zum Teil durch die chemische Industrie vermarktet werden müssen. Sowohl die Ingenieure als auch die Kaufleute müssen sich dabei ständig Neues einfallen lassen. Das gilt sogar für so alte Produkte wie die Hochofen- und Stahlwerkschlacke, die hier im Duisburger Raum in be-

Ein Beispiel für hochgradige Präzisionstechnik niederrheinischer Maschinenbauunternehmen: Eine in Sonsbeck entwickelte Radial-Prägemaschine zum individuellen Kennzeichnen rotierender Qualitätsrohre bei hoher Geschwindigkeit.

achtlichen Mengen anfällt. Die Forschungsarbeit der Hüttenwerke hat dazu beigetragen, daß die Schlacke beispielsweise im Straßen- und im Deichbau eine sinnvolle Verwendung findet.

Präzision wird groß geschrieben

In Duisburg sind durch die Krupp Industrietechnik GmbH internationale Richtfunkantennen und das größte freibewegliche Spiegelteleskop der Welt mit einem Reflektordurchmesser von einhundert Metern gebaut worden. Es sind dies besonders markante Beispiele für innovative Leistungen. Im Anlagenbau, zu dem diese Tätigkeiten zu rechnen sind, ebenso wie im Maschinenbau, gibt es allerdings noch zahlreiche andere Beispiele für ungewöhnliche Leistungen, die vielleicht auf den ersten Blick nicht so augenfällig sind, für den technischen Fortschritt und die Produktivität der Kundenbetriebe aber von einer entscheidenden Bedeutung sein können. Das gilt besonders für das Engineering mittelständischer Maschinenbauunternehmen, zu denen auch die vor 125 Jahren gegründete Firma J. H. Schmitz Söhne in Duisburg-Homberg gehört, deren Know-how auf Spezialgebieten heute in fast allen Stahlwerken der Erde in Anspruch genommen wird.

Jeder dritte im Bundesgebiet eingesetzte Greifer kommt vom Niederrhein. Von hier gingen im Bau von Spezialgreifern, wie wartungsfreien Unterwassergreifern, bedeutende Impulse für die ganze Branche aus.

Ein weiteres Beispiel mittelständischen Einfallsreichtums möge hier ebenfalls für viele andere Unternehmen stehen: Das Weltraumlaboratorium Spacelab wird mit Silber-Zink-Batterien der Silberkraft-Leichtakkumulatoren GmbH, Duisburg, ausgestattet.
Beachtliche Fortschritte hat es in den vergangenen Jahrzehnten im Einzelhandel auf dem Gebiet der Waagen und Kassen gegeben. Dabei muß freilich die Kette von der Produktion bis zum Verkauf im Laden als Ganzes gesehen werden, wenn man die volle innovative Leistung verstehen will. Die in der Produktion arbeitenden automatischen Preis- und Gewichtsauszeichner für vorverpackte SB-Waren sind mindestens genau so wichtig für einen leistungsfähigen Einzelhandel wie die modernen, auf elektronischer Grundlage arbeitenden Waagen im Handel selbst. Auf diesem Gebiet haben Duisburger Hersteller wegbereitende Arbeit geleistet. Es handelt sich um die Berkel GmbH, Duisburg, und um die Espera-Werke GmbH, Duisburg. Als ein weiteres Beispiel niederrheinischer Präzisionstechnik seien die erfolgreichen Entwicklungsarbeiten der Probat-Werke, Emmerich, genannt, deren Kaffeeröst- und -veredelungsanlagen schon seit Jahrzehnten weltweit eine führende Position einnehmen. Umfangreich ist die Zahl der Unternehmen, die im Bezirk der Duisburger Kammer Verpackungssysteme und Verpackungsmaschinen liefern. Dabei sind alle erdenklichen Materialien anzutreffen, vom Stahl über die Wellpappe bis zur Kunststoff-Folie.

Erfolgreiche Entwicklungsarbeiten im Maschinenbau

Durch technische Neuerungen haben mittelständische Betriebe in der Bergbau-, Hütten- und Kraftwerkstechnik neue Daten gesetzt. Ein Mittelbetrieb aus dem Kreis Wesel etwa, die Firma Paurat GmbH in Voerde, verfügt bei schweren Streckenvortriebsmaschinen über einen Anteil von 80 Prozent der deutschen Produktion. Solche Maschinen bewähren sich übrigens auch weltweit im Tunnelbau. Bedeutende Neuentwicklungen hat es im Krananlagenbau, im Bau von Spezialgreifern und in der Fördertechnik gegeben; führend sind hier die Aumund-Fördererbau GmbH, Rheinberg, die Landers Maschinenfabrik GmbH, Wesel, und die Kröger KG Maschinenfabrik in Sonsbeck. Eine der erfolgversprechenden und derzeit auch kräftig wachsenden Sparten im Maschinenbau ist die Herstellung pneumatischer Steuerungen. Auch hier gibt es ein maßgebendes Beispiel: Jeder dritte Druckluftzylinder, der in Europa mit einem Durchmesser von mehr als 32 Millimeter hergestellt wird, kommt aus Alpen am Niederrhein, wo die Firma Norgren-Martonair GmbH tätig ist.

Wer jemals mit seinem Auto an einer Waschanlage vorgefahren ist, hat die Arbeitsweise der Hochdruck-Strahlwasser-Technik erfahren. Der bis zu doppelter Schallgeschwindigkeit schnelle Wasserstrahl wird zum Beseitigen hartnäckigen Schmutzes an Metalloberflächen oder Steinen benutzt und kann, auf hohe Leistungen gebracht, sogar zum Schneiden von Materialien benutzt werden. Die Firma Woma Apparatebau Wolfgang Maasberg & Co. GmbH in Duisburg-Rheinhausen hat diese Technik auch für extreme Anwendungen entwickelt und vertreibt die Geräte weltweit über zehn Auslandstochtergesellschaften und 40 Auslandsvertretungen.

Man darf mit gleichem Recht die Klima-, Heizungs- und Brandlüftungstechnik zu den innovativen Sparten rechnen. Auch auf diesem zukunftsträchtigen Gebiet arbeiten einige Firmen, unter anderen die Gebrüder Trox GmbH in Neukirchen-Vluyn und die Colt International GmbH in Kleve. Niederrheinische Präzisionsarbeit leisten auch die Ruwel-Werke Spezialfabrik für Leiterplatten GmbH in Geldern, die als größter deutscher Hersteller jährlich mehr als eine Million Quadratdezimeter gedruckte Schaltplatten für den gesamten europäischen Markt liefert. Ohne solche Leiterplatten für Schaltungen wiederum sind die verkehrs-und sicherheitstechnischen Anlagen, die die Pintsch Bamag Antriebs- und Verkehrstechnik GmbH in Dinslaken liefert, nicht mehr denkbar. Das Unternehmen hat fast al-

Verkehrs- und Sicherheitstechnik aus Dinslaken: Optische und akustische Navigationshilfen für Wasserfahrzeuge mit Solar-Energieversorgung.

le Intercity- und S-Bahn-Züge in der Bundesrepublik mit solchen Anlagen ausgestattet. Auch Signalanlagen und Navigationshilfen für Wasserwege und Luftfahrt werden von Dinslaken aus in alle Länder der Welt geliefert. Ein Beispiel: das Blinkfeuer auf dem mit 140 Meter höchsten Leuchtturm der Welt in Lagos. Viel Innovation steckt auch in elektronischen Steuerungsgeräten für eine bedarfsorientierte Energieverteilung. Diese Geräte können im Bedarfsfall mit wechselnder Stromnachfrage und Erreichen bestimmter Engpaßleistungen Stromverbraucher abwerfen oder hinzuschalten. Diese Steuerungsgeräte stehen erst am Anfang ihres Einsatzes in der Stromverteilung. Sie werden von den Versorgungsunternehmen in zunehmendem Maße gefragt. Diese Erzeugnisse kommen von der thielscher-elektronik GmbH in Duisburg. Als Beispiel dafür freilich, daß Innovation sogar in uralten Arbeitsgebieten möglich und sicherlich auch notwendig ist, mag, gleichsam zum Kontrast, die Neukonstruktion von Pflügen bei der Pflugfabrik Lemken KG in Alpen erwähnt werden. Die hier entwickelten Geräte haben neue Maßstäbe für eine moderne und effiziente Bodenbearbeitung gesetzt.

Schaltstelle im internationalen Handel

Eine ganz besondere Rolle in der Vermittlung und Schaffung von Innovation spielt am Niederrhein der Handel. Daß sich in einer solchen zentralen Verkehrslage, wie sie der Raum Duisburg-Wesel-Kleve bietet, schon sehr früh ein schlagkräftiger Großhandel entwikkeln mußte, liegt von vornherein auf der Hand. Getreide, Baumaterialien, Industriegüter, Stahl, Erze, Metalle, Schrott und Brennstoffe gehören zu den wichtigsten Warengruppen des Großhandels im Duisburger Raum. Sie kommen von der Rheinmündung oder aus Richtung Basel, werden im Kammerbezirk selbst verarbeitet oder in Duisburg-Ruhrort auf die Bundesbahn oder den Straßenferntransport umgeschlagen. Große, weltweit agierende Handelshäuser arbeiten in Duisburg: Klöck-

Rund die Hälfte des gesamten Ladungsaufkommens an Stückgut in den großen Universalhäfen an der nordwesteuropäischen Küste ist heute containerisiert. Von Duisburg aus bestehen Liniendienste im Container- wie im RoRo-Verkehr unter anderem nach Großbritannien. Hier war die ,,Laila'' als Spezialschiff des Rhein-See-Verkehrs bahnbrechend tätig.

ner, Haniel, Grillo und Carl Spaeter tragen mit dazu bei, daß allein in Duisburg Großhandelsumsätze von mehr als 20 Milliarden Mark und 13 Prozent aller deutschen Großhandelsumsätze im Bereich von Erzen, Eisen und NE-Metallen getätigt werden.
Diese Handelsfirmen haben im Laufe der letzten Jahrzehnte mit ihren Aktivitäten eine Vielzahl neuer Tätigkeitsfelder vom Umweltschutz bis zum internationalen Anlagenbau erschlossen.

Pulsschlag des Hafens

Auch die Spedition, die ja ohne die enge Verquickung mit dem Handel nicht vorstellbar ist, hat sich in den vergangenen Jahrzehnten als sehr innovativ erwiesen. Erinnert sei hier an den Container-Verkehr, aber auch

Niederrheinische Unternehmen zählen zu den Spezialisten auf dem Gebiet des Wasserbaus. Die Grabungen und Befestigungen des Rheinhafens Voerde-Emmelsum waren eine wichtige Infrastrukturmaßnahme für Industrieansiedlungen im Lippemündungsgebiet.

an die Schubschiffahrt, die gerade im Raum Duisburg ihre stärksten Impulse erhalten hat. Die zwischen Rotterdam und dem Niederrhein verkehrenden Sechser-Schubverbände mit einem Ladevermögen von bis zu 16 000 Tonnen haben ihre Probezeit mit Erfolg bestanden. In Duisburg gibt es nicht nur die öffentlichen Duisburg-Ruhrorter Häfen, sondern es arbeiten hier auch 15 Werkshäfen, wobei der Erz- und Kohlenumschlag für die Hüttenwerke im Duisburger Raum eine besondere Rolle spielt. Die zweitgrößte deutsche Hochsee-Linien-Reederei, die Rhein-Maas- und See-Schiffahrtskontor GmbH, steuert von hier aus ihren Seeverkehr zwischen Europa und Afrika. Auch die größte deutsche Binnenreederei, die Stinnes Reederei AG, sitzt in Duisburg. Insgesamt arbeiten im Kammerbezirk sämtliche Reedereien des Rheinstromgebietes und mehrere Hundert Spediteure. Ihre Aktivitäten wären nicht denkbar ohne die fortwährende Modernisierung und Rationalisierung der Hafenanlagen.
Daß man bei dem Bestreben, die Häfen für die Reeder, aber auch für den Umschlag auf Schiene und Straße, attraktiv zu halten, auch unorthodoxe Wege gehen kann, beweist der erfolgreiche Abschluß einer notwendig gewordenen Absenkung des Hafenbodens durch den bewußten und gezielten Abbau von Kohle unter dem Hafen. Diese Absenkung des Hafenniveaus gegenüber dem Rheinbett hat die Wassertiefe im Hafen wieder auf Jahrzehnte hinaus optimal gestaltet.

Imponierende Qualitäten und Mengen

Die Sand- und Kiesindustrie erbringt aus ihren Hauptgewinnungsgebieten beiderseits des Rheins 10% der deutschen Produktion und hat richtungweisend für eine naturnahe Wiederherrichtung der abgebauten Lagerstätten gewirkt.
Das Großrohrwerk Schermbeck der Ed. Züblin AG bringt die größten bisher in Europa hergestellten Schleuderbetonrohre auf den Markt.

Die Standortqualität der Rheinschiene wird durch eine kürzlich abgeschlossene Großinvestition von 500 Millionen Mark deutlich, mit der die Haindl Papier GmbH in Duisburg-Walsum eine neue Papierfabrik mit der größten und leistungsfähigsten Papiermaschine der Welt erstellt hat. Mit einer Produktionskapazität von 450 000 Jahrestonnen für die internationale Zeitschriftenindustrie wurde Walsum zu einem Zentrum der westeuropäischen Papiererzeugung.
Die Schuhindustrie am Niederrhein, sie versorgt den Markt mit einem Fünftel aller in der Bundesrepublik erzeugten Kinderschuhe, hat in ihrer über hundertjährigen Geschichte immer wieder Pionierleistungen zur Anpassung der Kinderschuhe an die besonderen Eigenarten des kindlichen Fußes erbracht, so daß heute Marken wie Elefantenschuh und Bause in der ganzen Welt bekannt und geschätzt sind.
Nicht zuletzt dürften die neuen Wege im Bereich der Kunststoffverarbeitung, mit denen es den dem Verlagshaus Butzon & Bercker angeschlossenen Kevelaerer Kunstwerkstätten gelungen ist, Holzstrukturen in einer unvergleichlich originalgetreuen Art plastisch nachzuformen, als ein weiteres Beispiel für die Vielfältigkeit niederrheinischer Entwicklungsarbeiten genannt werden, zumal diese Technik nicht nur der kommerziellen Reproduktion von kunsthandwerklichen Gegenständen dient, sondern auch im musealen Bereich und im Denkmalschutz erfolgreich zur Konservierung der Form gefährdeter Gegenstände eingesetzt wird.

„Rhenser Madonna“ aus dem 14. Jahrhundert. Replikat in Phenolharz aus einer Kevelaerer Kunstwerkstätte.

Süß, sauer und flüssig

Wer denkt bei Margarine-Markennamen, wie „Schwan im Blauband“, an die Klever Schwanenburg, die hierzu Pate gestanden hat? Rama, Becel und Sanella sind typische Produkte der niederrheinischen Margarine-Industrie. Fast jede fünfte Margarinepackung, die in Deutschland hergestellt wird, kommt aus dem Werk Kleve der Union Deutsche Lebensmittelwerke.

Die niederrheinische Getränkeindustrie erbringt mit ihren modernen und hoch-kapitalintensiven Betrieben Spitzenleistungen von Rang. Die Produktionsanlagen (im Bild eine Flaschenfüllanlage in Duisburg) sind weitgehend automatisiert.

Die Firma Katjes in Emmerich ist Spezialist für Fruchtgummis und mit einem Marktanteil von nahezu 50 Prozent Marktführer für abgepackte Lakritzen.
Die Rugenberger Großbäckerei in Moers-Hülsdonk ist mit einer Jahresproduktion von 5 Millionen Stollen die größte Stollenfabrik der Welt. In der Weihnachtssaison werden hier täglich 50 000 Christstollen versendet.
In Kalkar-Appeldorn hat das Kölner Zuckerunternehmen Pfeifer & Langen die modernste und umweltfreundlichste Zuckerfabrik Europas errichtet, und in Goch verarbeitet die NährEngel GmbH mit ihrem Spezialbetrieb für die Kartoffelveredelung jährlich 100 000 Tonnen Agrarerzeugnisse aus der niederrheinischen und niederländischen Produktion zu Kartoffeltrockenprodukten und Trockengemüse. In Straelen-Herongen arbeitet mit der Carl Kühne KG der größte europäische Produzent von Sauerkonserven.

Beispielhaft sind die Leistungen der beiden niederrheinischen Privatbrauereien, die es erreicht haben, durch hochwertige Spezial-Bierqualitäten und ein überzeugendes Marketing-Konzept Marktführer der jeweiligen Biersorte zu werden. Das gilt für die König-Brauerei KG, Duisburg, deren König-Pilsener, als der größten Einzelbiermarke der Bundesrepublik, vor allem in der gehobenen und Spitzen-Gastronomie selbst im außereuropäischen Ausland zu Hause ist, ebenso wie für die Privatbrauerei Diebels in Issum, die mit dem Diebels-Alt seit Jahren die Spitzenstellung im Altbierbereich hält und es verstanden hat, ihren Ausstoß in einem seit Jahren stagnierenden Biermarkt auszuweiten.
Und im Bereich der alkoholfreien Getränke tragen die inzwischen zum größten Mineralbrunnen des Landes herangewachsenen Hövelmann-Unternehmen in Duisburg-Walsum in ähnlicher Weise dazu bei, den Bezirk am Niederrhein als einen der bedeutendsten Standorte der deutschen Getränkeindustrie auszuweisen.

Dynamische Kräfte durch enge Nachbarschaft

Industrielle Ballungsräume mögen ihre Probleme mit sich bringen. Einen Vorteil bieten sie mit Sicherheit: der Wirtschaft eröffnet sich ein riesiges Potential an Fachkräften, und eben wegen der Ballung von Menschen auf engem Raum gibt es Schulen, Hochschulen und Ausbildungsplätze in zahlreichen Arten und Sparten. Eben darin liegt auch eine beachtliche Quelle der Innovation, zumal da mit der Ballung von Menschen fast regelmäßig auch eine Ballung kleinerer und mittlerer Industriebetriebe einhergeht. Gerade diese kleineren und mittleren Industriebetriebe haben sich immer wieder als besonders stark in ihrem Erfindungsreichtum, ihrer Anpassungsfähigkeit und in ihrer Dynamik erwiesen.

Helmut Uebbing

Sprungbrett ins 21. Jahrhundert

Forschung und Entwicklung in Wirtschaft und Wissenschaft

,,Forschung sichert die Zukunft'', sagt Klöckner-Chef Jörg Alexander Henle. Und damit trifft er den Kern, wenn es um die Frage des Fortschritts geht, denn nur der menschliche Geist, seine Kreativität, sein Vorwärtsstreben, seine Neugierde und sein Drang nach Neuem können Fortschritt schaffen. Die Bundesrepublik, ein Land ohne nennenswerte eigene Rohstoffe und zu einem Drittel vom Export seiner Güter abhängig, ist auf diesen Fortschritt angewiesen, auf die durch Forschung und Entwicklung erreichte Qualität seiner Erzeugnisse und Dienstleistungen.

Regionen, Wirtschaftszweige und Unternehmen, die konsequent auf höher qualifizierte Produkte und Verfahren setzen, haben die größeren wirtschaftlichen Chancen. Die Erfahrung lehrt, daß zusätzliches wirtschaftliches Wachstum und neue Arbeitsplätze bei unverändert hohem Lohnniveau nur erreicht und geschaffen werden können, wenn die Produktion auf entwicklungs- und forschungsintensive Erzeugnisse, Verfahren oder Systeme zurückgreifen kann. Zu derartigen zukunftsträchtigen Feldern zählen im Wirtschaftsraum Niederrhein in besonderer Weise allgemein der Umweltschutz, neue Werkstoffe und Rohstoffe, das Gebiet Ressourcen-Schonung und nicht zuletzt die Energie. Wer hierfür Verfahren, Produkte oder Systemlösungen anbieten kann, trägt entscheidend zu dem in dieser Region erforderlichen Strukturwandel bei, wird weltweit Erfolg haben und neue, gesicherte Arbeitsplätze anbieten können.

Was für die Produktion neue, anspruchsvolle Produkte und Verfahren bedeuten, das heißt für den arbeitenden Menschen ,,mehr Qualität'', eine bessere Ausbildung.

Mit dem Aufruf an die Unternehmen, Forschungs- und Entwicklungsaktivitäten zu forcieren, Wissenschaft und Industrie zur Zusammenarbeit zu bringen, eröffnet Dr. Hans Overberg (,,Rheinische Post'') seinen Bericht über dementsprechende Aktivitäten im niederrheinischen Wirtschaftsraum. Während für die ,,Großen'' in der Regel Forschung und Entwicklung selbstverständlich ist, da sie über eigene Entwicklungsabteilungen verfügen, bleibt für viele ,,Kleinere'' kaum genügend Spielraum, es sei denn, sie finden, wie zum Beispiel mit der noch jungen Duisburger Universität, einen Partner im Innovationsprozeß.

links
Arbeiten im Labor für Halbleitertechnik. Das Entwicklungspotential der Duisburger Universität mit ihren mehr als 800 Wissenschaftlern ist ein wichtiger regionaler Standortvorteil des Niederrheins.

Moderne Informationstechnologie beeinflußt zunehmend die Leistungs- und Wettbewerbsfähigkeit vieler Branchen. Effiziente Informationslogistik und strategisches Informationsmanagement bestimmen nachhaltig Marktpositionen, verlangen aber auch den Einsatz eines geschulten Mitarbeiterstammes.

In diesem Zusammenhang gewinnen Dienstleistungen zunehmend an Bedeutung. Also werden Menschen künftig vornehmlich kontrollieren und reparieren, beraten und pflegen, nicht zuletzt forschen und entwikkeln müssen.

Nur dem Vorwärtsdrängenden, dem Kreativen gehört die Zukunft. Deshalb: Ingenieure, Wissenschaftler, Unternehmer an die Front! Die Arbeitnehmer müssen aus dieser Entwicklung Konsequenzen ziehen: Die Bereitschaft zur Weiterbildung hat heute einen Stellenwert wie niemals zuvor.

Am Niederrhein sind dies keine Fremdwörter. Gerade die Wirtschaft hat die Herausforderung angenommen. Jedoch auch Ungeduld zeigt sich, weil die Erfolge gelegentlich auf sich warten lassen. Der Rückgang der Arbeitsplätze in einigen meist traditionellen Wirtschaftsbereichen ist nach wie vor größer als die Zunahme neuer Arbeitsplätze in anderen, jungen. Dieser Tatbestand verdeckt mitunter erreichte Fortschritte und verdüstert so die Optik. Demgegenüber ist nicht zu übersehen, daß bei vielen Firmen am Niederrhein schon jetzt ein großes Potential an Forschung und Entwicklung zum Einsatz kommt, daß neue Betriebe mit zukunftsträchtigen Verfahren Produkte für den Markt von heute und morgen herstellen und daß von der jungen Universität Duisburg und neuen Forschungsinstituten Impulse in die ganze Region ausgehen. Der wirtschaftliche Horizont über dem Niederrhein wird heller werden.

Gutes Standortpotential für Innovation

Die Wirtschaft zwischen Duisburg und Emmerich/Kleve und der Grenze in Richtung zum niederländischen Venlo braucht sich trotz zweifellos vorhandener Struktursorgen nicht zu verstecken. Das Standortgutachten 1986 des Bonner Institutes für Mittelstandsforschung bescheinigt diesem Wirtschaftsraum ein fundiertes Forschungs- und Entwicklungspotential. Auch die Bereitschaft, den technischen Wandel mitzuma-

chen, ist vorhanden. Gleichwohl sind noch beträchtliche Verbesserungen notwendig und auch möglich. Der Innovationsprozeß muß noch mehr Schubkraft bekommen. Das zeigen entsprechende Ergebnisse des Instituts, das der renommierte Betriebswirtschaftler Prof. Dr. Horst Albach leitet:
Über 30 Prozent der Industriebetriebe im Bereich der Industrie- und Handelskammer Duisburg-Wesel-Kleve betreiben regelmäßig unternehmenseigene Forschung und Entwicklung. Schwerpunkte dieser FuE bilden die Bereiche Bergbau und Energie, NE-Metallindustrie, Maschinenbau, Elektro-, Meß- und Regeltechnik, Chemie, Kunststoff- und Gummiindustrie sowie Textilindustrie.
In den Firmen mit eigenen FuE-Aktivitäten arbeitet jeder zehnte Arbeitnehmer in diesem Bereich. Im Durchschnitt geben die Unternehmen am Niederrhein beachtliche 4,5 Prozent ihrer Umsätze für Forschung und Entwicklung aus, nicht weniger als in anderen Industrieräumen. Von den kleineren, in den letzten Jahren gegründeten Unternehmen besitzt sogar jedes dritte eine eigene FuE-Abteilung. In Betrieben mit weniger als zehn Beschäftigten ist jeder dritte im Bereich FuE tätig. Besonders innovative Jungunternehmen beschäftigen 40 Prozent ihres Personals im FuE-Sektor, sie wenden dafür jede sechste Mark ihres Umsatzes auf. Fast jedes Unternehmen mit eigenen FuE-Aktivitäten hat in den letzten Jahren neue Produkte auf den Markt gebracht, neun von zehn Unternehmen konnten neue Produktionsverfahren einführen oder bestehende verbessern. Besondere Erfolge zeigten dabei Jungunternehmen, sobald sie die schwierige Startphase überlebt hatten.
Von den Unternehmen ohne eigene FuE-Aktivitäten, die Forschungsaufträge an Dritte vergeben oder Lizenzen kaufen, bringen vier von zehn neue Produkte auf den Markt, jedes zweite Unternehmen führt neue Verfahren ein. Das verdeutlicht auch, wie wichtig ein Technologietransfer für die Innovationsbereitschaft von Unternehmen ist. Je besser und schneller er funktioniert, desto erfolgreicher können Betriebe Produkte

Neuentwickelte, hochlegierte Werkstoffe für Ölfeldrohre werden unter erhöhten Temperaturen und mit Drükken bis zu 1000 bar sowie Belastungen bis zur Streckgrenze im unternehmenseigenen Forschungsinstitut auf ihr Verhalten unter den extremen Bedingungen der Förderung von Erdöl und Erdgas aus tiefen Lagerstätten getestet.

Rund 10 000 unterschiedliche Stahlsorten bezeugen, wie breit das Anforderungsprofil der in- und ausländischen Verbraucher gespannt ist. Forschung und Entwicklung sind die Grundlagen für die Wettbewerbsfähigkeit, Qualitätspflege und Umweltschutz in den Duisburger Hüttenwerken, deren Know-how auch von fernöstlichen Anwendern gefragt ist.

und Verfahren auf den Markt bringen. Mehr als jedes dritte Unternehmen am Niederrhein will neue technische Kenntnisse von außen annehmen, jeder fünfte Betrieb wünscht eine intensive Technologie- und Innovationsberatung beispielsweise durch die Industrie- und Handelskammer oder durch freie Berater. Groß ist die Nachfrage der Unternehmen nach Zusammenarbeit mit Forschungsinstituten, mit der Universität Duisburg, der Rheinisch-Westfälischen Technischen Hochschule Aachen oder der Kernforschungsanlage Jülich. Von ihnen erwartet man besonders hohe Innovationseffekte.
Es ist deutlich: Die Industrie am Niederrhein „lebt", weil sie den Wandel bejaht und Innovationen will. Ihr Bedarf an technischem Know-how ist dabei groß. Erste Konsequenzen wurden bereits gezogen: „Wissensverkäufer" und „Wissenskäufer" werden zusammengebracht, Datenbanken, Technologie-Beratungsstellen oder Technologie-Berater, ob an der Universität mit ihrer speziellen Transferstelle Hochschule-Praxis oder mit ihrem entsprechenden Gegenstück bei der Industrie- und Handelskammer, schaffen Kontakte und vermitteln die richtige Information aus einer Flut von Angeboten, die nur der Experte durchschaut. Ohne Zweifel, ein schnelleres Tempo auf diesen „Transfer-Straßen" bedeutet eine größere Schubkraft im Strukturwandel und Impulse für den ganzen Wirtschaftsraum.

Professor Albach erteilt in der von der IHK in Auftrag gegebenen Studie dem niederrheinischen Wirtschaftsraum als ganzes ein ermutigendes Prädikat: „Der überdurchschnittliche Zuwachs an technologie-orientierten Unternehmensgründungen in den letzten Jahren im IHK-Bezirk Duisburg-Wesel-Kleve deutet darauf hin, daß es spezifische Standortnachteile, durch die Innovationsprozesse im Vergleich zu anderen Räumen stärker behindert würden, in der Region nicht gibt. Als solche möglichen Standortnachteile gelten primär Schwächen des Arbeitsmarktes, der Kapitalversorgung, des Informationsangebotes, der Kontaktdichte und der Ausstattung mit Ausbildungs- und Forschungseinrichtungen." Dieses Prädikat spricht für die Qualität der Wirtschaft am Niederrhein. Es darf jedoch niemanden veranlassen, zufrieden die Hände in den Schoß zu legen. Die Herausforderung wird angesichts des schnelleren technischen Wandels größer. Außerdem hat Albach die Schwachstellen, die eine bessere Umsetzung neuer Erkenntnisse aus Forschung und Entwicklung behindern, nicht unerwähnt gelassen: Mancher heute Erfolgreiche ruht sich auf Lorbeeren aus, manchem Neuen fehlt das Kapital für den Durchbruch. Hier zeigt sich Handlungsbedarf. Doch auch hier gilt: Wer weiß, wo es hapert, hat die halbe Arbeit schon geschafft.

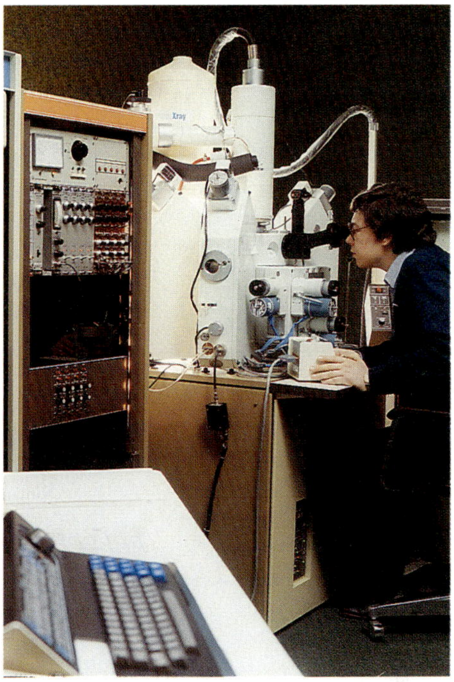

Die Elektronenstrahl-Mikrosonde ermöglicht die Ermittlung der chemischen Zusammensetzung kleinster Bereiche von 1/1000 Millimeter im Stahl. Eine Vielzahl solcher Untersuchungen gibt Hinweise auf die Gefügebestandteile und ihre Verteilung und damit auf die qualitative und quantitative Zusammensetzung des Materials.

Unternehmen auf dem Sprung

Erbhöfe oder bevorzugte Sitzplätze kann es im Innovationszug nicht geben. Große, mittlere und kleinere Unternehmen haben gleiche Rechte, wenngleich nicht immer gleich gute Chancen. Was jedoch Großkonzerne oft an Kapitalkraft voraus haben, können kleinere durch mehr Flexibilität ausgleichen. Die Geschichte zeigt, daß Großunternehmen keineswegs von vornherein zu den erfolgreichsten zählen. Bahnbrechende Erfindungen sind öfter von kleineren Betrieben oder von Einzelpersonen gemacht worden. Auch am Niederrhein gibt es viele kleinere und mittlere Unternehmen, die beträchtliches Know-how aufgebaut haben und in High-Tech-Bereichen tätig sind. Exemplarisch dafür sind die Geschichten der Firmen Friemann & Wolf GmH, Duisburg, und der Karl Kisters Maschinenbau GmbH in Kleve.

Rund eine Million Batterien – Kraftwerke für die netzunabhängige Stromversorgung – werden jährlich in Duisburg hergestellt. Die Anfänge gehen auf die vor sechzig Jahren eingeführte Elektrifizierung im Bergbau zurück.

Untertage und im Weltall

Die Geschichte von Friemann & Wolf begann vor über 100 Jahren. 1884 begann Carl Wolf im sächsischen Zwickau, spezielle Sicherheitsleuchten für den Bergbau herzustellen. Zwischen den Weltkriegen war „Friwo“ die führende Grubenlampenfabrik der Welt. 1927 brachte sie die erste elektrische Kopfleuchte heraus, zwei Jahre später die Faltbandelektrode, die in der Batterietechnik internationale Anerkennung fand. Heute gehört „Friwo“ zu den führenden Batterieherstellern mit einem breiten Programm von Nickel-Cadmium-Akkumulatoren.
Eine Zäsur brachte die Enteignung der Produktionsbetriebe in Sachsen nach dem letzten Weltkrieg. Schon 1947 begann der Neuaufbau in der ehemaligen Niederlassung Duisburg, den die anfangs große Nachfrage nach deutscher Steinkohle begünstigte. Friemann & Wolf ergänzte das Produktionsprogramm um Sicherheitsbeleuchtungs- und Notversorgungssysteme für Industriebetriebe oder Operationsräume und Intensivstationen in Krankenhäusern. Batterien und Akkus auf der Basis von Silberoxid-Zink und Lithium-Schwefeldioxid kamen hinzu. Im münsterländischen Ostbevern wurde 1971 eine Elektronikfirma erworben, die elektrische Netz- und Ladegeräte sowie entsprechende Baugruppen herstellt. „Friwo“ wurde so aus eigener Kraft Europas größter Hersteller von Kleinstromversorgungs- und -ladegeräten.
Die besondere Herausforderung kam in den 60er Jahren. Für das amerikanische Weltraumprogramm sollten spezielle Silber-Zink- und Silber-Cadmium-Batterien entwickelt werden. „Friwo“ bestand sie glänzend, mit

Blick in die geöffnete Ladebucht eines Raumfahrzeuges. In der Raumfahrttechnik hat sich das Silber-Zink-Batteriesystem aus Duisburg seit über 25 Jahren als zuverlässig und für spezielle Anwendungen besonders geeignet erwiesen. Ihr bevorzugtes Einsatzgebiet ist die Energieversorgung von Satelliten und Raumsonden oder von autarken Nutzlasten und Geräten der NASA-Space-Shuttle.

einem Entwicklungsaufwand von über einer Million Mark entwickelte das mittelständische Unternehmen Hochleistungsbatterien, die mit der Weltraumfähre „Challenger" in den Weltraum geflogen sind. Über 25 Spezialbatterien haben inzwischen das anspruchsvolle NASA-Prädikat „weltraumerprobt". So hat die Weltraumfahrt dem Unternehmen technische Herausforderungen gebracht, die neue Erfolge nach sich gezogen haben. „Friwo" ist ein rentables Unternehmen: über 50 Mitarbeiter sind in Forschung und Entwicklung tätig. Dr. Jacobi von Friwo: „Die eigenen FuE-Abteilungen und intensive Kontakte mit anderen Labors und Forschungsinstituten sind für ein mittelständisches Unternehmen wie uns eine gute und notwendige Basis für seine weitere Entwicklung."

Vom Handwerksbetrieb zur Nr. 1 auf dem Weltmarkt

Fast im Verborgenen, und zwar weit abseits der traditionellen Industrielandschaft Ruhrgebiet, verlief die Entwicklung der heutigen Karl Kisters Maschinenbau GmbH in Kleve. Es ist schon beispielhaft für unternehmerischen Erfolg, wenn man die Geschichte dieses Unternehmens von den Anfängen vor gerade drei Jahrzehnten als mechanische Werkstatt, einem typischen

Verpackungsindustrie am unteren Niederrhein. Produziert werden automatische Hochleistungsmaschinen für die Sammelverpackung von Dosen, Flaschen, Gläsern und ganzen Paletten. Nicht wenige der in der mittelständischen Industrie Kleves entwickelten Techniken der Schrumpffolienverpakkung gehören heute zum Branchenstandard.

Handwerksbetrieb dieser Region, bis zur Nr. 1 auf dem Weltmarkt für Spezialverpackungsmaschinen verfolgt. Das im Verpackungsmaschinenbau tätige Unternehmen gilt als Weltmarktführer bei speziellen Sammelpackmaschinen. Wichtige Absatzmärkte sind die Food- und Getränkeindustrie der ganzen Welt. Die Exportquote beträgt z. Z. über 97 Prozent.
Beispielhaft auch die konsequente Einbringung neuester Techniken, auf die Firmengründer Karl Kisters nicht zuletzt aufgrund eigener Entwicklungs- und Konstruktionsarbeit gesetzt hat. Sein Engagement in bezug auf High-Tech beschränkt er allerdings nicht nur auf sein eigenes Unternehmen, sondern er gehört auch mit zu den aktiven Föderern des Klever Technologiezentrums. Für seinen unternehmerischen Erfolg spricht außerdem die Tatsache, daß die Klöckner-Werke AG als starker Partner zur Weichenstellung für die Sicherung der Unternehmenszukunft beteiligt worden ist.

Milliarden für Forschung rund um den Stahl

Keineswegs weniger spektakuläre Erfolge haben am Niederrhein ansässige Großkonzerne wie Thyssen, Mannesmann oder Krupp vorzuweisen. Wenn die Ergebnisse aus ihren eigenen Forschungsabteilungen weniger öffentliches Aufsehen gefunden haben, dann vielleicht deshalb, weil sie bestehende Produkte oder Verfahren ersetzen. Allerdings genau so wie die Kleinen leben die Großen vom Geist ihrer Forscherteams. Dr. Heinz Kriwet, Vorstandsvorsitzender der Thyssen Stahl AG: „Zu unserer offensiven Unternehmenspolitik gehören Investitonen, kundenorientierte Produktentwicklungen und die Wahrnehmung der sich auch beim Stahl bietenden Marktchancen. Seit 1975, dem Beginn der Stahlkrise, hat Thyssen in seinem Stahlbereich über sechs Milliarden Mark investiert, Jahr für Jahr geben wir mehrere hundert Millionen Mark für Forschung und Entwicklung sowie für Qualitäts- und Materialüberwachung aus. Dieses Geld ist gut angelegt. In Zusammenarbeit mit der Automobilindustrie haben die Thyssen-Forscher große Erfolge auf dem Gebiet des Korrosionsschutzes erzielt. Oberflächenveredelte Produkte in dieser Vielfalt sind bei keinem anderen europäischen Stahlhersteller zu finden.“ Thyssen Stahl beschäftigt über 700 Mitarbeiter in seiner Forschungs- und Entwicklungsabteilung, davon rund 200 Wissenschaftler und Ingenieure aus den Bereichen Hüttenwesen und Werkstoffkunde, Maschinenbau und Elektrotechnik sowie Physik, Chemie und Mathematik. Ohne sie und ihre Arbeit wäre der „Stahl-Himmel“ viel dunkler.

Im Forschungszentrum für die Verarbeitung von flachgewalztem Material werden hier die Formgebungs- und Fügemöglichkeiten für verzinktes Automobilblech untersucht, wie es mit seinem hohen Korrosionsschutz auch im Audi 80 eingesetzt wird.

Glühender Hochofen schockgefroren

Gleiches gilt für Mannesmann. Der Konzern ist mit seinen Stahl- und Röhrenwerken und mit der Demag eine starke Potenz am Niederrhein. In der seit über 50 Jahren im Süden Duisburgs angesiedelten Mannesmann-Forschung arbeiten Spezialisten in den Bereichen Metallurgie, Werkstoffe, Ingenieur- sowie Automatisierungs- und Prüftechnik. Der Etat für Forschung und Entwicklung, heute bei Mannesmann insgesamt ebenfalls mehrere hundert Millionen Mark, hat sich seit 1980 verdoppelt. Die Aufgaben sind gewachsen. Eine

Probeentnahme von Roheisen beim Hochofenabstich. Durch exakte Analysen werden für jede einzelne Charge die für den späteren Verwendungszweck des Stahls notwendigen metallurgischen Prozesse festgelegt.

ständige Herausforderung, sagen die Mannesmänner, sei die Entwicklung neuer Stahl-Qualitäten für Rohre. Stahlrohre für die Suche und die Förderung von Öl und Gas müssen extreme Temperaturen bis dreihundert Grad Celsius aushalten können und auch dem Druck von 2000 Atmosphären sowie aggressiven Bestandteilen im Öl und im Gas standhalten. Besonders stolz sind die Mannesmänner, daß sie 1982 einen kompletten, bis über 1500 Grad Celsius heißen Hochofen mit flüssigem Stickstoff einfrieren konnten. Dabei erzielten sie hochinteressante Ergebnisse und gewannen wichtige Erkenntnisse über den Prozeß der Roheisenproduktion im Hochofen. Von diesen Fortschritten profitiert nicht zuletzt der wichtige Bereich Hüttentechnik der Demag. Das ist Technologietransfer im Konzernverbund. Mannesmann-Forscher haben nicht nur das Einfrieren des heißen Ofens durchgeführt, sondern auch die notwendigen Stähle und Verfahren für die Produktion der leistungsfähigen Rohre selbst entwickelt. Ohne diese würde beispielsweise die Sowjetunion keine Großrohre mehr bei Mannesmann bestellen. Das ist zweifellos ein Erfolg der eigenen Forschung, der oft als selbstverständlich hingestellt wird, der aber gleichwohl viele Arbeitsplätze gesichert hat.

Krupp – nicht unbedeutend für Duisburg: Riesenbagger, die in den linksrheinischen Tagebaubetrieben Tag für Tag über 200 000 Tonnen Braunkohle aus der Erde kratzen, stammen ebenso aus Duisburg wie die neuen Hochleistungsschienen, über die deutsche Schnellbahnen mit Geschwindigkeiten von mehreren hundert Stundenkilometern rasen werden. Das erforderte neue Technologien für diese fahrbaren Polypen, das Verkehrsmittel der Zukunft, und das erforderte ebenso neue Stahlqualitäten und Herstellungsverfahren. Schon seit über 120 Jahren ist der Duisburger Raum das Zentrum deutscher Schienenproduktion. Krupp und Thyssen, heute die dominierenden deutschen Schienenhersteller, haben bisher ein Gleisband produziert, das den Erdball mehr als zehnmal umspannen könnte. Klöckner, ein nicht minder wichtiger Name für diesen Wirtschaftsraum, unterhält in seiner ,,Silberburg" im Herzen Duisburgs den Firmensitz und die Verwaltung. Hier wird die Unternehmenspolitik entschieden, durch die auch die eigenen Forschungsabteilungen, die dezentral in den Produktionswerken beheimatet sind, ihre Impulse und ihre Bedeutung erhalten.

Wurden Schienen in den sechziger Jahren noch in Längen von 12 Metern, später maximal 30 Metern, geliefert, so verlassen sie heute in Längen bis zu 60 Metern das Werk. Ebenso groß sind die Fortschritte in der Festigkeit der Schienen, deren Sicherheitsstandard sich heute mit dem noch vor 20 Jahren akzeptierten Qualitätsniveau nicht mehr vergleichen läßt.

Unternehmensübergreifend

Unternehmensübergreifende Forschungsinstitute haben am Niederrhein Tradition. Im Jahre 1954 gründeten alle deutschen Hüttenwerke gemeinsam ein Forschungsinstitut, um die wachsenden Schlackenberge zu vermeiden und die Schlacke wieder einzusetzen, eine bahnbrechende Idee des Recycling und das vor mehr als 30 Jahren. Die Erfolge: Schlacke aus dem Hochofen und dem Stahlkonverter muß nicht mehr aufgehaldet werden. Sie findet als Baustoff im Straßenbau und im Hochbau oder als Düngemittel in der Land- und der Forstwirtschaft wertvollen Einsatz. Die Kernkraftwerke in Kalkar und in Schmehausen sind ebenso aus Hochofenzement errichtet wie die Fernmeldetürme in Dortmund und Düsseldorf. Auch die „Weiße Wanne" des neuen Düsseldorfer Landtages ist aufbereitete Schlacke. Ohne intensive Forschung und Entwicklung für einen Wiedereinsatz der Schlacke läge das Ruhrgebiet heute unter einer dicken Schlackenschicht.

Branchenforschung betreibt ebenfalls die Versuchsanstalt für den Binnenschiffbau in Duisburg. Sie wurde 1954 auf Initiative der heimischen Schiffbauindustrie und des Landes Nordrhein-Westfalen errichtet. Dieses Außeninstitut der Rheinisch-Westfälischen Technischen Hochschule Aachen, seit 1979 durch einen Kooperationsvertrag auch mit der Universität Duisburg verbunden, hat in den vergangenen 30 Jahren Bahnbrechendes geleistet. Hier findet ein künstlicher Wellenbrecher immer wieder große Aufmerksamkeit von Kunden aus aller Welt. Mehr als 50 Länder zählen zur Kundschaft der Duisburger Versuchsanstalt. Das Institut ist außerdem seit einiger Zeit für den Umweltschutz tätig. Wasserqualität, Ölunfallbeseitigung und Lärmminderung sind neuere Aufgaben für ein anerkanntes Team, nachdem die ursprüngliche Arbeit weniger Aufwand erfordert. Es ist ein positives Zeichen, wenn Forscher „ihren" Strukturwandel besonders gut meistern.

rechts
Die im Sommer 1972 errichtete Universität Duisburg hat in der Zwischenzeit einen hohen Rang in der Forschung erreicht und ein gutes Ansehen als Stätte der Wissenschaft errungen. Sie hat darüber hinaus mit ihren schwungvollen neuen Rundbauten und Innenhöfen ein Hochschulgebäude von unverwechselbarem Charakter, das in seiner zweckmäßigen Eleganz einmalig ist.

„Denk-Kapazität" Universität

Einen wichtigen Faktor und großen Hoffnungsträger zugleich stellt im wissenschaftlichen, wirtschaftlichen und kulturellen Kraftfeld Niederrhein die Universität – Gesamthochschule – Duisburg dar. Die Stadt war schon einmal von 1655 bis 1818 Universitätsstadt. Doch wurde sie damals ein Opfer der preußischen Poli-

tik, die große Universitäten neuen Stils errichten wollte und dafür mehrere kleinere stillegte. Die heutige Uni Duisburg, die die Pädagogische Hochschule und die Fachhochschule einbezogen hat, ist 1972 gegründet worden und eine der jüngsten in der Bundesrepublik. Trotz Widrigkeiten in den Aufbaujahren zählt sie inzwischen zu den Leuchttürmen der Region. Rektor Prof. Dr. Gernot Born: „Es gibt heute keinen Zweifel mehr an der Qualität des Standortes Duisburg für eine Universität. Die Hochschule hat Selbstsicherheit und Selbstvertrauen gewonnen und ihr eigenes Profil entwickelt. Die ganze Region hat sie akzeptiert. Die bereits in Gang befindliche Kooperation zwischen der Universität und der Wirtschaft wird sich verstärkt fortsetzen. Für die wirtschaftliche Erneuerung des niederrheinischen Raumes wird diese Universität nach und nach ein bedeutender Faktor werden."
Schwerpunkte der Universität bilden die Natur- und Ingenieurwissenschaften sowie die Wirtschaftswissenschaften. Auf sie entfällt gut die Hälfte des vorhandenen Lehrkörpers. Auch die Geistes- und Sozialwissenschaften sind für das kulturelle Leben der Region nicht weniger wichtig als die naturwissenschaftlich-technischen Disziplinen für das Wirtschaftsleben. Insgesamt wird in elf Fachbereichen mit vielfach untergliederten Fachgebieten ein breites Fächerangebot unterbreitet. Von Vorteil ist der besondere Bezug zur Industriestruktur der Region. In den Ingenieurwissenschaften sind deshalb der Maschinenbau (einschließlich Schiffstechnik), die traditionsreiche Hütten- und Gießereitechnik (einschließlich Glastechnik und Keramik) und die Elektrotechnik herausragende Gebiete. „Wissenschaftliche Hochburgen" oder Kristallisationspunkte für die wirtschaftliche Regeneration des gesamten Raumes sollen sie sein. Mathematik, Physik, Chemie, Biologie und Geographie kommen hinzu.
Es ist anerkennenswert, wie schnell sich die junge Universität und viele ihrer Hochschullehrer national und international einen hervorragenden wissenschaftlichen Ruf erworben haben. Sie sind dadurch eine weltweite

Auf der Hannovermesse Industrie 1987 zeigte das Fertigungstechnische Labor der Universität Duisburg ein Experimentierfahrzeug für mobile Roboter. Daran wird das Fahrverhalten ganz unterschiedlicher Radanordnungen erprobt, damit die ,,autonomen Bewegungssysteme'' in der rechnergestützten Fabrik der Zukunft schnell und millimetergenau ihren Weg selbständig durch die Fabrikhalle finden.

Werbung für den Niederrhein. Einladungen zu internationalen Konferenzen sprechen ebenso dafür wie die zehn internationalen Partnerschaften mit ausländischen Universitäten in Ost- und Westeuropa, in Nord- und Südamerika und in Japan. Zu ihrer Reputation tragen ebenso die Forschungsschwerpunkte bei, in denen jeweils Wissenschaftler verschiedener Fachgebiete zusammenarbeiten, zum Beispiel in der ,,Energieübertragungstechnik'' oder zur ,,Optimierung molekularchemischer Prozesse und Recycling''. Die drei Sonderforschungsbereiche, die an der Universität Duisburg von der Deutschen Forschungsgemeinschaft eingerichtet worden sind, nannte Rektor Prof. Dr. Adam Weyer bei seiner Abschiedsrede im Dezember 1986 ,,besonders glänzend''. Sie leisteten Hervorragendes auf den Gebieten des Stoff- und Energietransports in Aerosolen, der strukturellen und magnetischen Phasenübergänge in Übergangsmetall-Legierungen und -Verbindungen sowie der Höchstfrequenz-und Höchstgeschwindigkeitsschaltungen aus III-V-Halbleitern. Eine solche Anerkennung ist Balsam für eine Region, der man vielfach eher Rückständigkeit zusprechen möchte. Besondere Bedeutung haben die sechs wissenschaftlichen Einrichtungen ,,an'' der Universität erlangt, die sogenannten An-Institute, die sich durch eine praxisnahe Forschung und Beratung auszeichnen. Eine enge

Forschungs-Kooperation besteht mit dem Deutschen Textilforschungszentrum Nord-West in Krefeld mit seinen drei Forschungsinstituten Textilforschungsanstalt, Institut für Wäschereiforschung und Institut für textile Meßtechnik. Gleiches gilt für das Rheinisch-Westfälische Institut für Wasserchemie und Wassertechnologie in Mülheim.
Von besonderem Wert ist das auf Initiative der Peter Klöckner-Stiftung gegründete „Forschungsinstitut für wirtschaftlich-technische Entwicklungen in Japan und im Pazifik-Raum" sowie der von der Universität neu eingerichtete Postgraduierten-Studiengang „Ostasienwirtschaft". Damit trägt die Universität Duisburg als erste Hochschule den jahrelangen Forderungen der deutschen Wirtschaft Rechnung, die wirtschaftlichen und kulturellen Besonderheiten dieser wichtigen Weltregion an einer deutschen Universität umfassend anzubieten. Die Nähe Duisburgs zur „Japaner-Hochburg" Düsseldorf hat hierbei eine Rolle gespielt.

Mikroelektronik-Zentrum Duisburg?

Ein großer Gewinn für den gesamten Raum Niederrhein und ein sehr hoch anzusetzender Faktor für die wirtschaftliche Erneuerung ist das in Duisburg 1984 gegründete und vertraglich eng mit der Universität kooperierende „Fraunhofer-Institut für Mikroelektronische Schaltungen und Systeme". Sein Leiter Professor Dr. Günter Zimmer lehrt an der Hochschule das Fachgebiet Elektronische Bauelemente und Schaltungen. Von einem derartigen Institut auf einem Sektor mit Hochtechnologie-Charakter muß eine wirtschaftliche Multiplikatorwirkung ausgehen, auch wenn zunächst die Zahl neuer Arbeitsplätze vergleichsweise klein bleibt. Dennoch: Die Erwartung des Rektors der Hochschule, Professor Dr. Gernot Born, daß Duisburg ein Zentrum der Mikroelektronik in der Bundesrepublik wird, scheint sich zu bestätigen. Dabei dürfte die vereinbarte Zusammenarbeit mit großen Elektro-

Computer Aided Engineering (CAE) – wie hier bei der Verdichterkonstruktion – entlastet von zeitraubenden Routinetätigkeiten und bietet den Ingenieuren die Möglichkeit, noch kreativer zu arbeiten. In Duisburg wird auch die dafür erforderliche spezielle Software erarbeitet.

nikfirmen wesentliche Impulse bringen. Drei aktuelle Schwerpunkte: CAD (Computer Aided Design) für die Mikroelektronik, Schaltungs- und Systementwürfe und schließlich die Forschung auf dem Gebiet der Bauelemente und der Halbleitertechnologie. Dieses Institut kann für den gesamten Raum Niederrhein ein wissenschaftlicher Kristallisationskern sein, um den herum sich neue Firmen und Aktivitäten entwickeln werden.

Schwer meßbarer Nutzen

Es ist nicht nur Altruismus, wenn die Industrie am Niederrhein, die Industrie- und Handelskammer oder die beiden Fördervereine der Hochschule, in der sich die tatkräftigen Uni-Befürworter zusammengefunden haben, die Entwicklung der Hochschule oder einzelner Institute aktiv und mit eigenen Initiativen begleiten. Sie erwarten durch die ,,Denkkapazitäten" Nutzen ebenso für ihre Unternehmen wie für die Region. Exakt messen oder gar in Geld ausdrücken kann man diesen Nutzen nicht. Erwartet werden eine gute Ausbildung des wissenschaftlichen Nachwuchses, daneben wesentliche technische wie wirtschaftliche Impulse durch einen Technologietransfer, sowohl aus einer gezielten Auftragsforschung wie auch durch ein wechselseitiges kon-

In Duisburg werden Chips produziert – vor fünf Jahren ein fast noch utopischer Gedanke. Im Fraunhofer-Institut für Mikroelektronische Schaltungen und Systeme wird ihre Herstellung bereits professionell betrieben, zum Beispiel das Tempern der Siliziumscheiben bei etwa tausend Grad Celsius.

tinuierliches Nehmen und Geben. Dieser Informationsfluß, das sich gegenseitig Befruchten findet längst statt. Das Tempo muß noch größer werden. Aber „erste Blumen" beginnen am Niederrhein zu sprießen.

Der Anteil der Studenten aus der niederrheinischen Region und dem Ruhrgebiet liegt bei 74 Prozent. Viele von ihnen arbeiten als Werkstudenten, als Diplomanden oder für die Dissertation in den ansässigen Unternehmen. Wer seine Diplom-Arbeit über ein „Niederrhein-Thema" geschrieben hat, wird nach dem Studium wahrscheinlich hier seinen Arbeitgeber suchen. Das Seßhaft-Werden von Uniabsolventen bringt „neues Blut" in die Städte und Gemeinden, es gewährleistet ferner für die Zukunft einen engeren Kontakt zwischen den „Ehemaligen" in der Wirtschaft und ihrer Hochschule. Uni-Rektor Professor Born: „Manche Akzeptanzschwelle gilt es dabei noch abzubauen. Aber wir sind auf gutem Wege".

Die Ausstrahlung der Hochschul-Forschung in die Niederrhein-Region hat nicht zuletzt konkrete Kooperationsverträge mit heimischen Firmen gebracht. Hier drei typische Beispiele: Im Werk von Siemens in Kamp-Lintfort hat der Uni-Sektor Fertigungstechnik den Einsatz eines mobilen Roboters, der vom Institut der Universität entwickelt worden ist, im Rahmen einer Diplomarbeit untersucht. Aus Wesel wurde das Institut Anorganische Chemie beauftragt, die Rückgewinnung von Lösungsmitteln und von Aminen für die Abfallbeseitigung zu erforschen, und ein kleineres Spezialunternehmen aus Duisburg-Homberg möchte von den Forschern spezielle Probleme von Korrosionsmitteln analysiert haben. Daneben haben u. a. die Chemiekonzerne Bayer und BASF sowie die ansässigen Montankonzerne ebenfalls Forschungsaufträge nach Duisburg vergeben. Das sind nur einige Aspekte der Zusammenarbeit. Bezeichnenderweise finden Kooperationen vor allem auf denjenigen Gebieten statt, die an der Universität Duisburg einen Schwerpunkt haben: Hütten- und Gießereitechnik, Energietechnik, Meß-, Steuer- und Regeltechnik, Werkstofftechnik, Chemie- und Kunststofftechnik, Fertigungstechnik sowie die Mikroelektronik und die Informations- und Kommunikationstechnik.

Als Kontaktstelle zur Kooperationsvermittlung ist in der Universität die Transferstelle ,,Hochschule-Praxis" eingerichtet worden.

Wenn trotz dieser Berührungspunkte immer wieder so etwas wie Unzufriedenheit festzustellen ist, so ist diese Stimmung nichts anderes als Ausdruck dafür, daß noch mehr getan werden kann. Die Bereitschaft dafür ist vorhanden. Dadurch wird letztlich die Entwicklung immer weiter vorangetrieben, eine Entwicklung, in der die Struktur der Wirtschaft am Niederrhein auf dem notwendigen Weg der Wandlung und Anpassung bereits ein gutes Stück vorangekommen ist, wesentlich bedingt durch das erweiterte Potential an Forschung und Entwicklung und an größeren Möglichkeiten, die so gewonnenen Erkenntnisse und Ergebnisse in die Praxis umzusetzen. Weil diese Probleme hier in Angriff genommen werden, sind die Perspektiven vielversprechend. ,,Forschung sichert die Zukunft", die ,,Niederrheiner" haben die Dauerherausforderung voll angenommen.

Dr. Hans Overberg

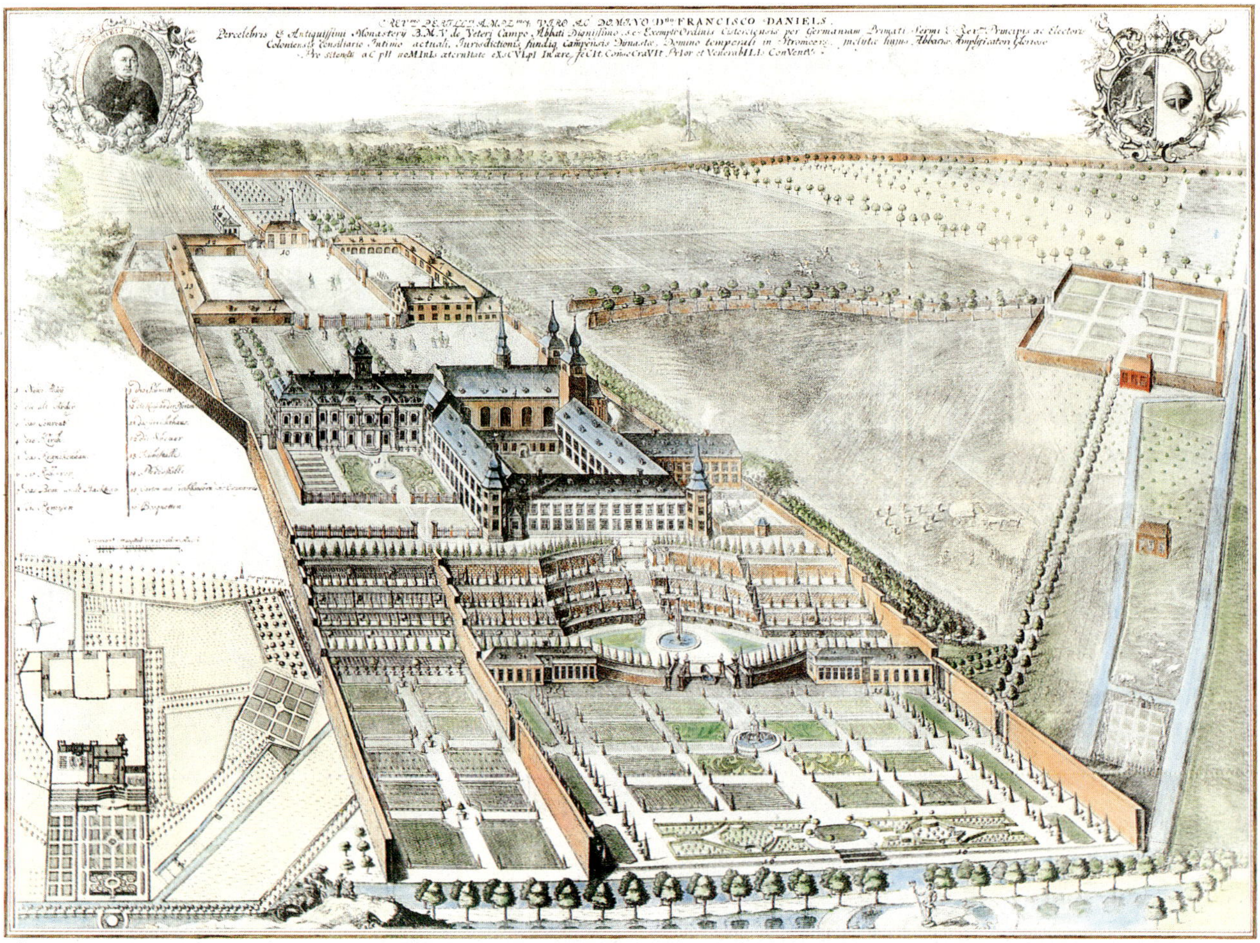

Grenzland, Parklandschaften und Festungswerke

Aspekte einer Kulturgeschichte des Niederrheins

Gemälde und Gebäude, Kirchen und Klöster, Gärten, Grabmäler und Wassergräben, Wallfahrten, Windmühlen und Wehrtürme, aber auch die Wurzeln der Sprache und ein seit Jahrtausenden besiedelter und urbar gemachter Boden machen die Kulturgeschichte des Niederrheins aus. Der Rundfunkjournalist Falk vom Hofe (WDR) umreißt sie anhand einer Vielzahl von Fakten und Episoden in der ihm eigenen bildhaften Sprache.

Für viele Zeitgenossen ist der Begriff ,,Kultur" besetzt mit Sehnsucht nach Muße zum Lesen, Anschauen von Bildern in Galerien und Ausstellungen, für einen Abend in der Oper, zum Besuch eines Schauspiels oder Konzerts. Geht man jedoch zu seinen Ursprüngen zurück, so greift er weit darüber hinaus. ,,Kultivieren" war von den Vorfahren sehr handfest gemeint.

Alter Kulturboden

Mit Werkzeugen nahm man den Kampf gegen die Natur auf, mit Schaben, Kratzern, Klingen aus Feuerstein oder Steinbeilen. All das wurde aus keltischer Zeit stammend entlang des linken Rheinufers gefunden. Deutliche Spuren der Landwirtschafts- und Handwerkskultur haben die römischen Besatzungen am Niederrhein hinterlassen. Einige Jahrhunderte darauf waren es Zisterziensermönche aus Südfrankreich, die vom niederrheinischen Kloster Kamp aus neue Formen der Felderwirtschaft, der Fischerei und Viehzucht bis nach Osteuropa verbreiteten.
Im Mittelalter und später bedeutete ,,kultivieren" dann vor allem ,,meliorieren", das heißt nasse Wiesen entwässern, Sümpfe trockenlegen und damit Acker- und Weideland gewinnen. Roden und drainieren, das waren die kulturellen Taten der Vergangenheit. Ende des 13. Jahrhunderts heuerte der Graf von Kleve holländische Siedler aus den Seeprovinzen an, sogenannte ,,Broekers", die die sumpfigen Bruchlandschaften urbar machten. Die geschickten Wasserbauer, deren Gra-

links
Das um 1123 entstandene Kloster Kamp wurde zum Mutterkloster für 60 Mönchsklöster und 24 Nonnenklöster in ganz Mittel- und Osteuropa. Die nach kriegerischen Zerstörungen im 17. und 18. Jahrhundert errichteten prunkvollen Neubauten im Stil des Barock und Rokoko mit ihren wunderbaren Terrassengärten und Springbrunnen beleuchten den damaligen Wohlstand und die Ausstrahlungskraft dieser bedeutendsten Klostergründung des Niederrheins. Die Restaurierung der Gartenanlagen ist in Vorbereitung (Stich von Querfuhrt, 1747).

Die erste Windmühle am Niederrhein wurde um 1329 in Wesel errichtet. Ihre Technologie – sie war bei den Kreuzzügen des 12. Jahrhunderts aus dem Orient übernommen worden – fand nun bald weite Verbreitung. Vor dem Verfall bewahrt, prägen die weit die Landschaft überragenden Mühlen auch heute noch die Ebene dieses Landes.

bensysteme auch nach Jahrhunderten noch funktionieren, gestalteten weite Teile des heutigen linken unteren Niederrheins.

Ein weiteres Beispiel für niederrheinische Agrikultur sind die Maßnahmen der inneren Kolonisation Friedrichs des Großen in der Gocher Heide, wo Pfälzer, die eigentlich nach Nordamerika wollten, Pfalzdorf und Louisendorf gründeten. „Kultivieren" hieß am Niederrhein immer auch, die natürlichen Gegebenheiten der Niederung geschickt zu nutzen, den Überfluß an Wasser nicht nur abzuführen, sondern zusammen mit dem Wind auch für den Betrieb von Mühlen einzusetzen, die, heute teilweise restauriert, als Kulturdenkmäler von hohem Wert unter Schutz gestellt werden. Noch die Entwässerungsgenossenschaften, die sich Ende des vergangenen Jahrhunderts gründeten, nannten sich „Unternehmen zum Zwecke der Landeskultur".

Barrieren zwischen der Gemeinsamkeit

Neben der Sprache, die sich zweifellos als breitestes Band um die niederrheinländischen Gebiete schlang, gibt es viele kulturelle Brücken über Rhein und Maas hinweg. Das Gelderland ist seit je ebenso mit Antwerpen und Brüssel wie Duisburg, Wesel, Emmerich und Kleve mit Utrecht und Amsterdam verbunden.

Der Kosmograph Gerhard Mercator, ein Universalgelehrter und Designer einer neuartigen, in ihren Grundzügen bis heute gültigen Weltkarte, hatte 1552, als er aus Flandern auswandern mußte, keine Schwierigkeiten, sich in Duisburg zu integrieren. Sein wissenschaftlicher Ruf erlangte später von Duisburg aus Weltgeltung. Umgekehrt war der Niederrheiner Hendrick Goltzius (1558-1617) in Xanten in die Lehre gegangen und arbeitete später als einer der berühmtesten Kupferstecher in Haarlem, wo er auch in der Groote Kerk sein Grab fand.

Im 16. Jahrhundert schaffte eine aufblühende Wirtschaft im Klever Land das Klima für Luxusindustrien.

Silberschmiede entwickelten ihre Kunst vor allem im kirchlichen Bereich. Nach politischen Unsicherheiten und einer anschließenden Wirtschaftsflaute von knapp einem halben Jahrhundert blühte das Kunsthandwerk erneut auf. Produkte der damaligen Zeit findet man noch heute in deutschen und niederländischen Kirchen, in privaten Sammlungen und Museen, zum Beispiel in s'Gravenhage.
Ein preußisch-königlicher Rat und Landschreiber stiftete der reformierten Kirche im niederländischen Wehl zu Beginn des 18. Jahrhunderts einen Abendmahlskelch, den Derk Spronk hergestellt hatte. Er war in Doesburg geboren und lernte dort in der Elegiusgilde die Verarbeitung der edelsten Metalle. Später heiratete Spronk eine klevische Bürgerstochter und bekam am 9. April 1718 ebenfalls die bürgerlichen Rechte der Stadt zuerkannt.
Derartige Verbindungen hat es auf unterschiedlichsten Ebenen immer wieder gegeben.
Aber die ursprüngliche kulturelle Klammer im niederländischen und im deutschen Gebiet an Rhein und Maas wurde spröde, als die Rheinlande preußisch wurden und sich die Bewohner der alten niederrheinischen Herzogtümer sprachlich auseinanderentwickelten. Die Teilung des niederrheinischen Raumes nach der Völkerschlacht bei Leipzig und dem nachfolgenden Wiener Kongreß 1816 hat die Gemeinsamkeiten hüben und drüben nahezu völlig ersterben lassen. Geblieben aber ist das historische Bewußtsein für die Einheit des Gebietes, trotz der Sprachbarrieren, die sich zwischen Deutschen und Niederländern aufgetürmt haben. Sprachforscher und Literaturwissenschaftler der Universität Duisburg versuchen zur Zeit, wenigstens wissenschaftliches Interesse für den traditionsreichen Kulturraum zu schaffen und die willkürlich zerbrochene Klammer neu zu schmieden. Vorträge, Dialogrunden, Aufsätze und Dissertationen sollen die Grenze durchstoßen. Kultur und Konsum, so wünschen es sich viele Niederrheiner seit langem, sollen wieder enger zusammengeführt werden.

Gerhard Mercator (1512–1594), der bedeutendste Geograph und Kosmograph seiner Zeit, verlegte seinen Wohnsitz von Flandern nach Duisburg und entwickelte hier das nach ihm benannte Verfahren der winkelgetreuen Projektion der gekrümmten Erdoberfläche auf das ebene Kartenblatt.

Silberne Zierdose, Schmuckschatulle; getriebener Deckel mit der Darstellung eines Bachantenzuges; Arbeit von Wilhelm Rackus aus Nimwegen, der seit 1695 in Wesel ansässig war. (Städtisches Museum Haus Koekkoek, Kleve)

Käuferströme haben sich nie lange von Schlagbäumen stoppen lassen, wenn nur die angebotenen Waren jenseits der Grenze attraktiv waren. Attraktive kulturelle Angebote werden jedoch von den Nachbarn nur sehr zurückhaltend bis gar nicht wahrgenommen. In Nimwegen, Arnheim oder Venlo ein Schauspiel zu genießen, einem Vortrag konzentriert zuzuhören, den Kulturteil einer holländischen Zeitung zu überfliegen oder gar ein Buch in niederländisch ganz zu lesen, setzt exzellente, zumindest passive Sprachkenntnisse voraus, auch wenn sich hartnäckig das Vorurteil hält, niederländisch sei nur eine abseitige Art des deutschen Platt. Die beiden Hochsprachen haben sich sehr weit auseinander entwickelt. Doch ausgerechnet der niederrheinfränkische Dialekt beiderseits der Grenze zwischen Venlo und Emmerich ist nach wie vor ein brauchbares und gebräuchliches Kommunikationsmittel zwischen Menschen mit verschiedenen Pässen. Wer neu an den Niederrhein kommt, tut gut daran, sich Grundkenntnisse dieses Dialekts anzueignen. Sonst laufen Gespräche in Herongen, Walbeck, Twisteden, Hassum, Kranenburg oder Hüthum zu oft an ihm vorbei, ohne daß die Niederrheiner ihn ausschließen möchten. Man unterhält sich eben ganz selbstverständlich in der Muttersprache.

Hochdeutsch setzte sich erst im vergangenen Jahrhundert durch und nicht ganz ohne Druck des preußischen Beamtenapparates. Lehrer, die nur niederländisch sprachen, wurden aus dem Schuldienst entlassen. Die Behauptung, die Niederrheiner an Maas und Rhein hätten sich jahrzehntelang mit Zähnen und Klauen gegen das Deutsche gewehrt, hält zwar einer wissenschaftlichen Überprüfung nicht immer stand. Dennoch gab es vehemente Kämpfer gegen das Hochdeutsche, wie den Straelener Pfarrer Tillmanns, der schließlich den Kirchendienst quittieren mußte; und es wurde bisher nie endgültig geklärt, ob ihm ausschließlich seine niederländische Muttersprache am Herzen lag oder ob er sich halsstarrig und mit großer Lust gegen die preußische Obrigkeit auflehnte.

Die Ablösung des Niederländischen geschah nicht abrupt. Es war ein langer Prozeß, mit einem jahrzehntelangen Nebeneinander von niederländisch und deutsch. Noch heute zeugen Straßen- und Eigennamen von der einstigen Einheit. Die Ortsbezeichnung Achterhoek gibt es immer noch hüben und drüben der Grenze. In Kleve findet man die Grotendonk- und Berendonkstraße, den Paeschendyk und Hoogeweg; in Goch den Leeger-Weezer-Weg, in Rheinberg die Straße „op de Molensteen". In Geldern wohnen Bürger „an het Hagelkrys", und in Straelen gibt es den „Roelpad" sowie die „Brockhuysenstraße". Niederländische Eigennamen wie „Croonenbroeck", „Coopmanns" oder „van der Grinten" bestätigen dies.

Antonius-Schwein
Das von der St.-Antonius-Bruderschaft in Kalkar gestiftete silberne Trinkgefäß in Form eines Schweines befindet sich heute in der Obhut des Städtischen Museums Kalkar.

Kunsthandwerkliche Transparenz

„Tho clef es gemaeckt" war lange Zeit im Kunstgewerbe ein regionales „Made in Germany". Brustschilde und Ketten für Schützenbruderschaften, Monstranzen, Kelche und Eßbestecke sind typische Produkte der Ära. Von besonderem Wert, in mehrfacher Hinsicht, ist ein silbernes Trinkschwein aus dem Jahre 1635, obwohl ihm in seiner langen Lebenszeit ein Beinchen abhanden gekommen ist. Mit einer Aufschrift auf ihrer Standplatte stellt sich die seltene Sau vor: „Sankt Antonius-Schwein bin ich geheißen. In die Wildnis bin ich Fressen gegangen. Um ausgetrunken zu werden bin ich hierher gestellt zu Ehren der Sankt Antonius-Gilde". Wie bei Hausschweinen damals üblich hat das Tier Glöckchen an der Nase. Seinen Kopf konnten die Schützen aufklappen und den Inhalt zu Ehren ihres Patrons leeren. Selbstbewußt, spitzohrig und mit scharfem Blick präsentiert sich die Sau ihrer Umwelt, auf dem Rücken 20 ovale Silberplättchen, auf denen sich die Mitglieder der Gilde verewigten. Nach dem Zweiten Weltkrieg war das kostbare Schwein verschwunden, bis es 1965 in London wieder auftauchte und gegen Geld nach Kalkar ins Museum zurückkehr-

te. Wiedergefundene Kostbarkeiten besitzen doppelten Wert.
Später, am Anfang des 20. Jahrhunderts, bildete sich ein neuer Schwerpunkt der Goldschmiedekunst im Wallfahrtsort Kevelaer. Franz Wilhelm van den Wyenberch und Johann Vorfeld schufen vor allem für Düsseldorfer Kirchen Altargerät, darunter eine aufwendige Prunkmonstranz, in der sich der Übergang des an mittelalterlichen Vorbildern orientierten Historismus zur Moderne bereits andeutet.
Die Verarbeitung von Edelmetall hat eine feste Tradition in der Stadt, die von der Marienwallfahrt geprägt ist. Wallfahrt und Kunstgewerbe sind eng verwoben und bedingen sich gegenseitig. Paramente, Liturgisches Gerät und Sakralgegenstände aus feinstem Metall und religiöse Motive in Bronze gegossen – sie werden nicht nur am Ort, sondern in ganz Deutschland verkauft und sogar exportiert.

Die Bronzefigur des Lüttinger Knaben, um 130 n. Chr., ist ein stummer Diener, der in seinen Händen ein Tablett halten konnte. (Regionalmuseum Xanten)

Kunstgegenstände und archäologische Fundstücke, wenn sie nicht gerade monumentale Ausmaße haben, können in Kämpfen, Kriegen und politischen Krisen verloren gehen, werden jedenfalls nicht immer dort gefunden, wo Historiker sie vermuten. Das gilt für das silberne Tafelgeschirr eines römischen Feldherrn, aber auch für die figürliche Inkarnation der römischen Kolonie am Niederrhein, die berühmte Bronzefigur des „Lüttinger Knaben", die Mitte des vorigen Jahrhunderts von Xantener Fischern im Rhein gefunden wurde. Heute steht sie im Pergamon-Museum in Berlin. Das Museum in Xanten besitzt eine gute Kopie.
Soldaten, die Plündern stillschweigend zum blutigen Geschäft zählten, und Kunstliebhaber sind oft unheilige Allianzen eingegangen. Überraschend aber ist, daß hier und da sogar komplette Kunsttechniken verloren gingen und ehemals gebräuchliche Fertigkeiten in Vergessenheit gerieten. Die Glasmalerei erlebte im Spätmittelalter eine einmalige Blüte, um danach als Kunstgattung fast völlig zu verschwinden. Mühsam mußte Anfang des 19. Jahrhunderts der Umgang mit Farbe und Glas reaktiviert werden.

Die Wiedergeburt fand, wie bei der Goldschmiedekunst, unter anderem in Goch und in Kevelaer statt. Wilhelm Derix, geboren in Goch, gründete nach seiner Ausbildung in der berühmten Werkstatt Oidtmann in Linnich in seiner Vaterstadt zusammen mit einem Partner Werkstätten für Glasmalerei und Kirchendekorationen. Nach Anlaufschwierigkeiten stabilisierte sich die Auftragslage für Bildfenster. Viele Kunden kamen aus Holland. Später richtete sein Sohn in Kevelaer ein Zweigatelier ein. Dort haben die Glaswerkstätten Derix, die zu den führenden Glaswerkstätten der Welt zählen, noch heute ihren Sitz. Zu den berühmtesten Arbeiten aus dieser Werkstatt zählen Ornamentverglasungen in der Sixtinischen Kapelle in Rom und die Ausstattung der katholischen Kirche der Petersburger Universität. Doch auch im Düsseldorfer Landtag finden sich farbige Fenster aus Kevelaerer Produktion.

Die Muttergottes von Kevelaer, Wallfahrtsbildchen, Antwerpen, 17. Jahrhundert

Ausstrahlende Kräfte der Wallfahrt

Derix' Talente waren vom Kirchenmaler Friedrich Stummel gefördert worden, der sich 1880 ein Atelier in Kevelaer eingerichtet hatte, das nach und nach zu einer Malerwerkstatt anschwoll, in der über die Jahre hin 59 Angestellte beschäftigt waren. Allein konnte Stummel die Auftragsflut nicht bewältigen. Noch heute sind in nicht weniger als 111 Kirchen, vor allem im niederrheinischen Raum, seine Werke zu finden. Stummel machte für die damalige Zeit mit seinen Bildern, Altarflügeln, Wandteppichen und Schnitzarbeiten – soweit dehnte er sein Tätigkeitsfeld aus – großen Umsatz. In einem Jahr verdiente er ein Viertel des Personaletats, den die Gelderische Kreisbahn für 42 Beamte aufbringen mußte.
Schwerpunkte seines Schaffens waren die Kevelaerer Gnadenkapelle und die Basilika am Kapellenplatz; dort sind seine großflächigen Arbeiten, die an der Historienmalerei des vergangenen Jahrhunderts orientiert sind, nach wie vor das beherrschende Ornament.

Die Kunstwerkstätten in Kevelaer beschränken sich keineswegs mehr nur auf den religiösen Bereich. So entstand auch die Brunnenfigur „Nixe“ von Gerhard Kluckow in einer Kevelaerer Bronzegießerei.

Die Kevelaerer Wallfahrt hat das kleine Städtchen an der deutsch-niederländischen Grenze, das zeigen diese Beispiele, zu einer kulturellen Drehscheibe werden lassen. Kranenburg, Marienbaum und Aengenesch bei Geldern als weitere Wallfahrtsorte untermauern die historisch gewachsene Attraktion der niederrheinischen Sakrallandschaft für Gläubige aus deutschen Landen wie auch aus Holland und Belgien. Der internationale Stellenwert der Marienwallfahrt in Kevelaer – selbst im Vergleich zu Altötting einzigartig im deutschen Raum – deutet darauf hin, daß der Religionstourismus eines der traditionsreichsten und auch haltbarsten Bänder der alten kulturellen Einheit ist.
Prozessionen und vor allem die Lichterprozessionen abends in Kevelaer gehören zu den außergewöhnlichen Ereignissen im Leben eines Gläubigen, weil sie ihm die Kirche „als das Volk Gottes auf dem Weg durch die Zeit“ bewußt machen, wie der Rektor der Wallfahrt, Richard Schulte-Stade, den ständigen Strom der Pilger zum Gnadenbild und dessen über Jahrhunderte ungebrochene Attraktion beschreibt.
Der moderne religiöse Massentourismus spiegelt alte kirchliche und politische Strukturen und Zuordnungen wider. „So war zum Beispiel der rechtliche Träger des vor rund 340 Jahren gegründeten Oratoriums der Propst von Mechelen im heutigen Belgien. Seelsorgerisch war Kevelaer dem Bischof von Roermond verantwortlich. Gelegen war Kevelaer aber immer im später deutschsprachigen sogenannten Oberquartier des Herzogtums Geldern“, beschreibt Schulte-Stade das historische Gewebe eines Raumes, aus dessen Zentrum Kevelaer ausstrahlt. Die sternförmig auf die Gnadenkapelle zulaufenden Pilgerstraßen sind sowohl ein symbolisches wie faktisches Abbild dieser gewachsenen Strukturen.
Zum Wallfahrtsort gehört auch ein Kreuzweg. In Kevelaer liegt er am Rande der Stadt in einer gepflegten Grünanlage, die Ende des vergangenen Jahrhunderts angelegt wurde. Lindenbäume spenden den Pilgern Schatten.

Das Glasfenster „Kreuzigung" von Heinrich Campendonk aus der Werkstatt Hein Derix, Kevelaer (1926/27), in der ehemaligen Augustiner-Kirche in Marienthal bei Wesel.

Der Kevelaerer Park mit seinem religiösen Hintergrund bildet zweifellos eine Ausnahme in der Palette niederrheinischer Parkanlagen. Die gleichförmige, jedoch nicht eintönige Landschaft besitzt ausgeprägte Nuancen und Varianten. Oft bewirkt nur die Änderung des Lichtes eine Umwandlung der Eindrücke: Aufziehende Gewitterfronten im Osten mit der sinkenden Sonne im Westen oder kriechende Bodennebel im Gegenlicht des Mondes, das sich auf der Oberfläche von Woien und Kolken spiegelt, machten die Niederung noch reizvoller. Wind, Weite und Wasser, Hügel und Höhenzüge forderten nicht nur die Fähigkeiten von Malern und Zeichnern heraus.
Auch der Gestaltungswille von Landschaftsarchitekten rieb sich immer wieder an den natürlichen Möglichkeiten des Niederrheins. Sie wollten kulturelle Ideen und philosophische, politische oder weltanschauliche Ordnungssysteme in ästhetische Formen gießen, sie in belebter und unbelebter Natur realisieren. Die bekanntesten Gartenanlagen am linken unteren Niederrhein hat einer der prominentesten Einwohner Kleves, wenn nicht gar der prominenteste, geschaffen: Reichsgraf Johann Moritz von Nassau-Siegen, der Statthalter des Kurfürsten von Brandenburg in Kleve, Mark und Ravensberg war, Territorien, die weit ab vom Kern des Herrschaftsgebietes der Mark Brandenburg lagen. Er bekam vom Kurfürsten Flächen im Süden der Stadt mit dem Höhenzug oberhalb des Wasserlaufs Kermisdahl geschenkt. Die Nassauer Allee, an der heute das Kreishaus steht, war Kernstück einer Planung, die in Grundzügen von Jakob van Campen stammte. Die ersten Linden wurden 1653 gepflanzt. Die Allee gefiel Kurfürst Friedrich Wilhelm von Brandenburg so gut, daß er von Kleve aus verfügte, in Berlin zwischen Schloß und Tiergarten eine ähnliche Straße „Unter den Linden“ anzulegen.
Johann Moritz versuchte eine Verbindung zwischen den Waldschneisen des Alten Tiergartens im Süden der

Stadt mit einem neuen Sternplatz herzustellen. Der Neue Tiergaren wurde im Norden der Stadt angelegt, und die Reste sind heute noch links und rechts der Ausfallstraße nach Nimwegen zu besichtigen. Er war bestrebt, den Hochwald und die Quellen als natürliche Gegebenheiten in seine Parkanlagen zu integrieren; ganz ohne Reibereien mit den Stadtvätern konnte er seine Planungen allerdings nicht durchsetzen. Ohne Geld kein Garten, hieß die Devise der Stadt, und sie bestand auf Entschädigungsleistungen.
Ziel von Moritz' Gartenplanung war, den landschaftlichen Charakter Kleves und der hochaufragenden Bauwerke, wie die Schwanenburg, zu unterstreichen. Er wollte zwar die Stadt und ihre Umgebung durch die moderne Kunst des 17. Jahrhunderts prägen. Sichtschneisen und Ausblicke auf exponierte Bauwerke, etwa von der Rotunde des neuen Tiergarten aus entlang

Die Landschaftsgestaltung des Fürsten Johann Moritz von Nassau-Siegen, der Kleve als kurfürstlich-brandenburgische Residenzstadt ausbaute, wurden zu einem Vorbild europäischer Garten- und Landschaftsarchitektur. Der Blick vom Amphitheater, als einem der Kernpunkte der Klever Anlagen, über den Rhein hinweg auf Hochelten gibt einen Eindruck von der räumlichen Dimension der Planung. Die Originalgouache von Jan van Call befindet sich in Rijksprentenkabinett in Amsterdam. (Ausschnitt, Städtisches Museum Haus Koekkoek, Kleve) eines schnurgeraden Kanals auf die Spitze der Kirche in Eltenberg, lassen streng geometrisch konzipierte Gärten in den Niederlanden als Vorbilder erahnen und sind Teil eines barocken Gesamtkonzeptes. Der größte Teil der Gartenanlagen orientierte sich jedoch an italienischen Vorbildern.

Wo sind die geistigen Grundlagen für Johann Moritz' Gärten zu suchen? Anleihen bei der Antike sind deutlich abzulesen. Amphitheater und die von Johann Moritz noch selbst installierte Grabanlage, deren gußeiserne Platten höchst sehenswert sind, in Berg en Dael, gelten als eindeutige Indizien. Johann Moritz wollte mit den Gärten eine liebliche Atmosphäre schaffen, ausgerichtet an idealistischen Vorstellungen Vergils, allgemein in der Kulturgeschichte unter dem Stichwort „Arkadien" bekannt.

Kleve ist heute – ebenso wie im 19. Jahrhundert, als die ehemalige Herzogstadt ein bedeutender Badeort für niederländische Kurgäste war – wieder bemüht, diese mittelalterliche „Land Art" im Stadtbild deutlich zu machen. Da die Kreisstadt im äußersten Zipfel des Landes jedoch ständig gewachsen und die Bebauung immer dichter geworden ist, sind die Gärten nur noch unter großen Mühen zu restaurieren. Außerdem müssen stattliche Bäume gefällt werden, um historische Sichtschneisen wieder freizulegen. Dagegen wehren sich die Bürger.

Bereits in den zwanziger Jahren des vergangenen Jahrhunderts hatte der Düsseldorfer Hofgärtner, Maximilian Friedrich Weyhe, einen Versuch gestartet, Johann Moritz' Barockgärten zu erneuern. Weyhe sah seine Vorbilder jedoch nicht im Barock, sondern in englischen Landschaftsgärtnern. Der Anschein von Beiläufigkeit ersetzte die geometrischen Figuren des Barock. Kleine Wasserfälle lösten abgezirkelte Bassins ab, Wege liefen wie wahllos durch Rasenflächen, die, ganz nach englischer Art, mit kleinen Gehölzen und Büschen bepflanzt wurden. Weyhes Vorliebe für exotische Gehölze prägten nicht nur die Gartenanlagen in Kleve, sondern auch den Park rund um das Haus Caen bei Strae-

len, mit der alten unterschlächtigen Wassermühle am Rande, den Schloßpark in Moers, den Besucher sich heute mit einem informativen Baumführer erschließen können, und auch die Parks der Schlösser Lauersfort und Dyck.
Wie in Kleve hat Weyhe, dessen Statue im Düsseldorfer Hofgarten zu besichtigen ist, wahrscheinlich auch anderswo ältere Gartenanlagen vorgefunden und modernisiert. Das Pflanzgut, die unterschiedlichen Gehölz- und Straucharten zog er am liebsten in Baumschulen vor, die er selbst betreute, wie die bei Haus Caen. Mit Rotahorn, Judasbaum, portugiesischer Lorbeerkirsche, Trompetenbaum und anderen fremden Gehölzen machte er Aufzuchtversuche. Auch der Landschaftsgarten von Haus Aspel bei Rees, ehemals eine Burg, heute ein Ordenshaus und lange städtisches Gymnasium, birgt solche dendrologischen Kostbarkeiten.

Der 1263 begonnene und 1519 fertiggestellte St.-Viktor-Dom zu Xanten zählt mit seiner kostbaren Innenausstattung zu den bedeutendsten Gesamtkunstwerken der Gotik. Der Blick vom Chor des Domes durch das Mittelschiff zeigt die Geschlossenheit des Baus.

Festungsanlagen

Die antike „Colonia Ulpia Traiana“, ziviles Centrum der Römer am Niederrhein neben dem Militärlager Castra Vetera, wird heute zwar auch „Archäologischer Park Xanten“ genannt, hat aber mit den anderen Parkanlagen nichts zu tun. Es ist die Rekonstruktion einer alten römischen Stadtanlage, zumindest in Teilen. Wehrmauern und Wachtürme sind Ausdruck einer Festungsarchitektur, die diesseits der Alpen einmalig ist.
Für spätere Jahrhunderte gibt es jedoch immer wieder Beispiele für massige Wehrbauten. Der Westwall, im Zweiten Weltkrieg gebaut zur Abwehr der Alliierten, ist das jüngste Dokument für vielfache militärische Auseinandersetzungen am Niederrhein. In Rees erinnert die Promenade noch an die ehemalige Rheinfeste. Die älteste Stadt am unteren Niederrhein war, wie andere Orte auch, Opfer und Objekt vieler Kämpfe, unter anderem zwischen den Grafen von Kleve und den Kölner Erzbischöfen, und später im 80jährigen Krieg zwischen Spanien und den Niederlanden. Wenn Trup-

pen nicht angriffen, bedrängte der Rheinstrom die Stadt; Eisschollen und -blöcke zerstörten Teile der Stadtmauern.
Die vielfältigen kriegerischen Konflikte, die auf niederrheinischem Boden ausgetragen wurden, legen den Schluß nahe, daß in zahlreichen Gemeinden und Städten militärisches Denken architektonische Maßstäbe setzte. Macht man sich auf die Suche nach Beweisen, so stellt man schnell fest, daß der Grundriss vieler Orte zwar noch auf alte Befestigungsanlagen schließen läßt, die Bauwerke selbst jedoch längst verschwunden sind. Artilleriegefechte und Bombardements im letzten Krieg haben sie weggefegt, wenn sie nicht bereits in früheren Zeitaltern von unterschiedlichen Besatzungstruppen geschleift wurden.
Rheinberg ist ein solcher Fall. 1702/03 nahmen die Preußen die Festung ein, nachdem sie die Stadt sturmreif geschossen hatten, um sie in den nächsten 13 Jahren dann völlig zu schleifen. Die kümmerlichen Reste wurden schließlich bei Bombenangriffen und dem anschließenden Sturm der Amerikaner auf die Stadt 1945 zerstört.
Wachtendonk hat den Festungscharakter wesentlich deutlicher im Ortsbild bewahrt; als Durch-, Aufmarsch- und Quartierstadt für Truppen unterschiedlicher Nationalität spielte dieses Städtchen im Mittelalter eine wechselvolle Rolle. Zwar sind auch in Wachtendonk die oberirdischen Festungsbauten verschwunden, doch der historische Stadtkern ist erhalten und steht unter Denkmalschutz.
Als Transportweg, vor allem aber als Verteidigungsanlage gegenüber den abgefallenen Niederlanden, wurde von den Spaniern während des 80jährigen Krieges quer durch die linksrheinische Region – von Rheinberg und Kamp- Lintfort bis Geldern und von hier aus weiter bis zur Maas – die Fossa Eugeniana gebaut: ein Schiffahrtskanal mit zahlreichen Befestigungswerken. Sie sind, ebenso wie die Belagerungen Gelderns – unter anderem im August 1638 durch die Spanier und schließlich die Eroberung der von den Spaniern besetzten Festung

Die Zitadelle in Wesel ist die größte teilweise erhaltene Festungsanlage in Nordrhein-Westfalen. Im Haupttor von 1718 ist das Schill-Museum untergebracht.

nach siebenwöchiger Belagerung im Oktober 1703 durch ein preußisches Heer – vielfältig in Kolossalgemälden und Kupferstichen festgehalten worden. In dem zehn Jahre später ausgehandelten Friedenswerk wurde das geldrische Land ein Teil der preußischen Krone. Aber als militärische Bastion Preußens im Westen wurde nicht Geldern, sondern die strategisch am Rhein günstiger gelegene Stadt Wesel ausgebaut. Gelderns Festungsanlagen dagegen wurden dem Boden gleichgemacht.

In einer Festungsstadt zu wohnen war nirgendwo ein Segen für die Bewohner, sondern eine ständige Belastung und Bedrohung. Belagerungen lagen permanent in der Luft, und die Vorstellungen militärischer Strategen behinderten nicht selten die wirtschaftliche Entwicklung einer Stadt. Das jedenfalls gilt für Wesel, das mit dem Niedergang des Herzogenhauses Kleve Fe-

Blick über den Rhein auf die Stadt Wesel.

stungs- und Garnisonsstadt geworden war. Nach einem Hin und Her, zunächst zwischen spanischen und niederländischen Besatzungstruppen und später zwischen Franzosen und Preussen, hatten die Preussen 1680 mit dem Bau einer starken Befestigung begonnen. Teile der Vorstädte wurden abgerissen, um freies Schussfeld zu haben. Doch die Waffentechnik entwikkelte sich stetig weiter, und so wurden am Ende auch die massivsten Anlagen wirkungslos. Erst als nach dem Ersten Weltkrieg einige der Mauern fielen, konnte sich die Stadt wieder ausdehnen, erlangte wirtschaftlich jedoch nie wieder jenen alten Glanz und die überragende Stärke, der ihre Kirchen, Klöster, Bürgerhäuser und ein reizvolles Rathaus zu Zeiten der Hanse entsprungen waren. Von all diesen Gebäuden ist in Wesel nichts mehr zu sehen. Sie wurden im Zweiten Weltkrieg vernichtet. Von den Festungsbauten stehen heute noch am

Fuße der Rheinbrücke Teile der Zitadelle und am Ende der Fußgängerzone das Berliner Tor, und auf der gegenüberliegenden Seite des Rheins, am Fuße der Brükke, sind noch Reste von Fort Napoleon zu sehen.
,,An der Schanz'', ,,Op de Schanz'' findet sich am Niederrhein noch häufig als Straßenname. Diese Begriffe und vor allen Dingen der Ortsname Schenkenschanz erinnern an alte Befestigungsanlagen. Der kleine Ort vor den Toren Kleves, zwischen einem Altrheinarm und dem Rheinstrom gelegen und heute noch bei außergewöhnlichem Hochwasser nur mit einer Fähre zu erreichen, galt in seiner exponierten Lage als Bollwerk gegen die anstürmenden Spanier und damit als strategischer Schlüssel zu den Niederlanden. Doch als der Fluß wieder einmal seinen Lauf veränderte, sank das befestigte Dorf zur militärischen Bedeutungslosigkeit ab.

Herausragendes Werk des spätgotischen Kreuzweges am St.-Viktor-Dom ist der 1525 datierte Kalvarienberg.

Geschichte aus Stein

Architektonische Opulenz haben sich die Niederrheiner nie geleistet. Baumaterialien waren knapp und spärlich, mußten entweder von weit hergeholt oder vor Ort hergestellt werden. Alte Baurechnungen des St. Viktor-Stifts in Xanten belegen, daß die römischen Ruinen systematisch abgerissen und wiederverwendet wurden, bis der gotische Dom im Jahre 1559 fertig war. Mit den Tuffsteinen und anderen Gesteinsarten wurde kräftig Handel getrieben. Auf dem Fürstenberg und auf dem Gelände der Colonia Ulpia Traiana wurden die alten Materialien auch zur Errichtung von Kapellen und Stiftsgebäuden verkauft. Daher ist es nicht verwunderlich, daß vor den Toren Xantens im 15. Jahrhundert aufstehendes Mauerwerk aus römischer Zeit kaum noch vorhanden war.
Drei Jahrhunderte später gab der große Kurfürst die Weisung, für den Bau einer evangelischen Kirche in Sonsbeck Holz – ebenfalls knapp am Niederrhein – aus den Staatsforsten zur Verfügung zu stellen. Außerdem wurde das ehemalige Klevische Schloß, das französi-

sche Truppen 1641 zerstört hatten, als Steinbruch freigegeben. Die evangelische Kirche in Xanten wurde ebenfalls mit Baustoffen aus dieser Quelle errichtet.
Doch trotz des beschränkten Angebots an Baumaterial gibt es am Niederrhein eine Menge sehenswerter Gebäude, und auch der Weltkrieg, der 80 bis 90 Prozent vieler Städte und Gemeinden in Schutt und Asche legte, hat nicht alle kulturhistorischen Bauten ausradiert. Von den zahlreichen bemerkenswerten Kirchen, Schlössern, Herrensitzen, Industrie- und Bodendenkmälern sowie Bürgerbauten sollen nur einige beispielhaft vorgestellt werden.
Kalkar bietet niederrheinische Kulturgeschichte wie in einem Brennglas, überreich an Schätzen, obwohl viele bereits in vergangenen Jahrhunderten verkauft wurden. Nach Kalkar der Kunst wegen zu fahren, ist überaus lohnend, wenn auch die mittelalterliche Aura des kleinen Städtchens seit den siebziger Jahren überschattet ist von den Konflikten um den Schnellen Brüter im Stadtteil Hönnepel.
1230 wurde Kalkar durch den Grafen von Kleve gegründet. Seitdem ist die Stadtanlage gewachsen; ihre mittelalterlichen Umrisse sind jedoch noch heute im Stadtbild abzulesen. Die damalige Stadtmauer, umgeben von einem doppelten schiffbaren Kanal, zeichnet sich als Grüngürtel ab. Auch das Straßennetz von damals ist nahezu unverändert erhalten. Charakteristisch für die Stadtanlage ist der vergleichsweise große Marktplatz mit einem einmaligen Denkmal in der Mitte, der Gerichtslinde. An der Kopfseite steht das Rathaus. Die Größe des Platzes ist ein Dokument für die historische Bedeutung der Stadt: Vom 14. bis 18. Jahrhundert fungierte Kalkar als Obergericht für die Grafschaft Kleve im Linksrheinischen. Außerdem war Kalkar Handelsstadt mit regelmäßigen Märkten. Ihre Blüte erlebte sie bis zum 15. Jahrhundert. Basis waren der Getreide- und Tuchhandel. Der Ausbau der Kalflack, eine Mischung aus natürlichem Flußlauf und Kanal, unterstützte die Infrastruktur der Stadt. Der Wasserlauf eröffnete nämlich den Zugang zum Rhein. Als die Tuche-

Markt und Rathaus in Kalkar, Zeugen der historischen Bedeutung der Stadt.

rei ihre Bedeutung verlor, nahm das Braugewerbe einen stürmischen Aufschwung. Nach Ausbruch des 80jährigen Krieges im Jahre 1568 riss die Konjunktur jedoch jäh ab. An keiner anderen Stadt des Niederrheins ist das wirtschaftliche Auf und Ab so deutlich abzulesen wie an der Stadtgeschichte Kalkars.
Die Pfarrkirche St. Nikolai, durch eine Häuserzeile vom Markt getrennt, ist das bedeutenste Beispiel Klevischer Backsteingotik. Sie enthält eine überwältigende Ansammlung sakraler Kunstwerke, vor allem die aus Eichenholz geschnitzten Altäre der Meister Arnt von Zwolle, Arnt van Tricht und von Heinrich Douvermann, dem berühmtesten „Riemenschneider" der Niederung. Weitere Arbeiten von Douvermann schmükken den Xantener Viktorsdom und die Klever Stiftskirche. Derick Baegert, den Kenner für den begabtesten mittelalterlichen Maler des Niederrheins halten, hat einige Altarflügel in St. Nikolai bemalt.
Neben dem städtebaulichen Grundriß, der Nikolaikirche und dem nach dem Kriege wieder aufgebauten Rathaus aus dem 15. Jahrhundert stechen in Kalkar auch noch Bürgerhäuser mit Stufengiebeln ins Auge, die, ebenso wie das Haus zu den fünf Ringen am Gocher Marktplatz, auf früheren Wohlstand der Bürger schließen lassen. Besonders sorfältig wurden das städtische Museum und das Stadtarchiv restauriert, die ebenfalls

„Die Eidesleistung“, Gemälde von Derick Baegert, 1495 (Ausschnitt, Städt. Museum Wesel).

in einem ehrwürdigen gotischen Bürgerhaus untergebracht sind.
Wesel, auf der anderen Rheinseite, ist der Geburtsort Derick Baegerts, dessen berühmtestes Bild „Die Eidesleistung“, eine Gerichtsszene, dort im Museum zu sehen ist. Die Stadt wird vom Willibrordi-Dom überragt, einer mit den Kirchen in Kleve und Xanten vergleichbaren Stufenhallenkirche. Nach der Reformation wurde der Willibrordi-Dom weitgehend seiner künstlerischen Kostbarkeiten beraubt; unschätzbar dagegen ist der Schmuck, mit dem St. Viktor in Xanten noch heute ausgestattet ist. Hier stellte Derick Baegerts Sohn Jan seine malerischen Fähigkeiten nachhaltig unter Beweis. Die sichtbaren Darstellungen von Szenen aus dem Leben Christi im Dom und seiner unmittelbaren Umgebung sind in Xanten schon früh in mythische Dimensionen erweitert worden. Zwei gewaltsam ums Leben

gebrachte Männer in einem Doppelgrab unter der Kirche haben Legenden wuchern lassen, Legenden von Märtyrern, die in Xanten ihr Leben dem christlichen Glauben opferten. „Ad sanctos", zu den Heiligen, ist die sprachliche Grundlage für den Namen der Stadt. Mitglieder der sagenumwobenen Thebaischen Legion sollen, so jedenfalls will es die Überlieferung, während der Rückkehr aus Nordafrika in der Schweiz, in Bonn, in Köln oder in Xanten niedergemetzelt worden sein, weil sie die römischen Staatsgottheiten nicht mehr verehrten. Bis heute ist jedoch nicht sicher, ob Archäologen in den Xantener Gräberfeldern wirklich Märtyrer fanden, ob gar der Heilige Viktor unter den Toten war; denn bei archäologischen Grabungen in der Vergangenheit wurden oft die Epochen durcheinander geworfen und fränkisch/merowinigische Tote für Römer gehalten. Es wurden auch „vermeintliche" Märtyrer ge-

Im Xantener Dom: Der Hochaltar von Barthel Bruyn d. Ä. mit dem Viktor-Schrein.

funden, die erst begraben wurden, als die Christenverfolgungen bereits vorüber waren. Dennoch meint der Archäologe Hugo Borger: „Heiligenverehrung, Kirche, Stift und Stadt Xanten sind aus Begebnissen hervorgewachsen, die für die Menschen des Mittelalters viel mit dem Heil und der Fürbitte der Heiligen bei Gott zu tun hatten."

Nach Abzug der Römer versinkt Xanten für mehrere Jahrhunderte im historischen Dunkel. Die zivilisatorischen Maßstäbe des römischen Weltreiches gingen verloren. Ein Wasserleitungssystem, vergleichbar dem römischen, dessen Reste in der Umgebung der Stadt und in Sonsbeck gefunden wurden, ist in Xanten erst in den 50er Jahren dieses Jahrhunderts wieder installiert worden. Bis dahin schöpfte man aus Einzelbrunnen, Zentren von Pumpennachbarschaften.

Neben konkreten archäologischen Funden, wie dem Gedenkstein für Marcus Caelius, eines der kostbarsten Relikte aus römischer Zeit, und der Legende um das Leiden des Heiligen Viktor, dargestellt von Barthel Bruyn d. Ä. auf einem Flügel des Hochaltars von St. Viktor, gibt es aus dem Umfeld der römischen Siedlung Colonia Ulpia Traiana viele Mythen und Sagen: Sie wurde in alten Chroniken und dem Annolied als das „fränkische Troja" beschrieben. Die Stadt galt als eine Neugründung von Trojanern, die aus ihrer kleinasiatischen Heimat vertrieben waren. Die Verlagerung der Trojanischen Sage auf niederrheinischen Boden diente dem fränkischen Königshaus zur Imagepflege. Der Nachweis hohen Alters und Adels sollte seinen Herrschaftsanspruch untermauern.

Siegfried und der Schwanenritter

Xanten soll auch Heimatstadt Siegfrieds, einer der Hauptfiguren des Nibelungenlieds, gewesen sein. Eine Handschrift des Epos jedenfalls nennt „ze santen" „eine reiche Feste" als Ausgangspunkt für die Abenteuer des Recken. Die Nationalsozialisten vereinnahmten

Xanten als Siegfriedstadt und pumpten auch Gelder in Grabungen, die den sagenhaften Gerüchten ein reales historisches Fundament verschaffen sollten. Die Anstrengungen blieben erfolglos.
Mit Kleve und Geldern, den beiden alten Herzogstädten, verbinden sich zwei andere Sagen. Die Klever Schwanenburg überragt als massives, greif- und besteigbares Wahrzeichen der Stadt die Niederung. Ihr Name jedoch weist auf mythische Schwebezustände hin, die Professor Seemann neuerdings zu einem ironischen Denkmal am Fischmarkt gerinnen ließ. „Nie sollst Du mich befragen" ist der rätselhafte Kern der Schwanenritter-Sage, die Richard Wagner in seiner Oper „Lohengrin" zwar von Kleve nach Brabant verlegte; aber literarische Ausprägungen des Schwanenrittermotivs waren über das Zentrum des fränkischen Reiches, Burgund, schon früher an den Niederrhein gedrungen.

Die geschichtsträchtigste Stelle Kleves ist die Schwanenburg. Von der auf steilem, hohen Kliff im 12./13. Jahrhundert errichteten ältesten Anlage sind noch Mauer- und Gewölbereste erhalten. Die Spitze des 1453 fertiggestellten Schwanenturms krönt ein vergoldeter Schwan: Hinweis auf den Schwanenritter, der im 8. Jahrhundert auf einer Burg zu Kleve gelebt haben soll und den das klevische Fürstenhaus in den folgenden Jahrhunderten als den Stammvater seines Geschlechtes bezeichnete.

Der Schwan ist bis heute Symbol und Wappentier der Klever.

Die Hintergründe der Geldrischen Drachensage verschwinden vollends in den Nebeln der Niersniederung. Vielleicht trug der Fluß, der sich in vorhistorischer Zeit in einem alten Rheinbett breit machte, die Fabel heran. Die Normannen, die mit ihren Schiffen rheinauf fuhren und unter anderem Xanten und Duisburg plünderten, könnten auch die Niers befahren und mit holzgeschnitzten Figuren am Bug ihrer Schiffe bei den Einheimischen die Furcht vor einem Drachen hervorgerufen haben. Vielleicht war die Fabelfigur auch ein Symbol für den Kampf der Bauern um ihr Ackerland in den sumpfigen Niederungen der Niers.

Aus alten Rechnungen allein, aus Protokollen von Gerichtstagen und Ratssitzungen, aus Siedlungsplänen, Predigten, Fundamenten, Werkzeugen oder Feuerstellen kann sich ein Volk nicht definieren. Es muß etwas übrig bleiben, das sich der konkreten Dokumentation entzieht und doch als kollektiver Mythos überliefert ist.

Niederrheiner in Kunst und Literatur

Werke der Weltliteratur und weltberühmte Gemälde oder Skulpturen sind nur wenige am Niederrhein entstanden. Heinrich von Veldeke, der sich einige Zeit in Kleve aufhielt, gilt nicht nur als Meister des Minnesangs und Schöpfer höfischer Epik; die Niederländer reklamieren ihn auch als Mitbegründer ihrer Schriftsprache. Als sein Hauptwerk gilt die Aenaeis, die von der französischen Troubadourdichtung beeinflußt wurde.

Der bekannteste Name im Zusammenhang mit dem Niederrhein in jüngster Zeit ist ohne Zweifel Josef Beuys. Er wurde in Krefeld geboren, stellte das zeitlebens jedoch als einen Zufall dar und hielt den linken unteren Niederrhein für seine eigentliche Heimat. Er wuchs in der Niederung um Kranenburg auf und kehrte in Abständen immer wieder dahin zurück. Für Josef und Maria van der Grinten, die Eltern seiner Freunde

und lange Zeit auch Gastfamilie für den jungen Künstler, schuf er in Kranenburg ein Grabmal, das als einzige Plastik Beuys' öffentlich auf dem Friedhof der kleinen Grenzstadt zu besichtigen ist. Als er das Grab seiner Eltern in Geldern entsprechend schmücken wollte, scheiterte sein Entwurf am Einspruch der Stadtverwaltung: Das Grabmal entsprach nicht der Friedhofsordnung. Es war zehn Zentimeter zu hoch. Die Familie van der Grinten, alteingesessene Bauern, scheuten sich jedoch nicht, ihren Kuhstall für eine Fluxus-Ausstellung zur Verfügung zu stellen.
1976 kandidierte Beuys nicht nur für den deutschen Bundestag auf der Liste einer unabhängigen Wählergemeinschaft, sondern verarbeitete auch Gipsabdrücke eines Denkmal-Ensembles, das aus einer Kupidosäule (in Kleve schlicht „Eiserner Mann" genannt), ein paar Mörsern und einer Feldschlange bestand, zu einem neuen Kunstwerk. Das alte hatte Johann Moritz von Nassau aufstellen lassen, in dessen geistiger Tradition sich Beuys fühlte.
Versehen mit einer zusätzlichen Schiene nannte Beuys das Werk „Straßenbahnhaltestelle", in Erinnerung an Besuche in der Samenhandlung seines Onkels, die heute noch existiert. Mit dieser Komposition setzte er Kleve auf der Biennale in Venedig ein Denkmal.
Trotz dieser großen Ehre und der engen Verbundenheit Beuys' mit der Stadt und ihrer Umgebung kam es, auch nach mehreren Anläufen, nicht zu einem Auftrag für eine Zusammenarbeit. Vorgesehen ist jedoch, daß die Beuys-Sammlung der Gebrüder van der Grinten einmal, nach einer umfassenden Restaurierung der jetzigen Ruine, im Schloß Moyland ausgestellt werden soll.
Ein Werk von Ewald Mataré ist dagegen an prominenter Stelle der Stadt Kleve aufgestellt. Beuys, der Schüler Matarés, hätte den „Toten Krieger" allerdings – nachdem die Nationalsozialisten das Kunstwerk zunächst heftig gefeiert und für sich vereinnahmt hatten, es dann jedoch, als ihnen die kritische Absicht Matarés klar wurde, verbuddelten – lieber am Eingang der Klever Fußgängerzone unter einem Rost aufgebahrt gesehen,

Das 1964 eröffnete Wilhelm-Lehmbruck-Museum gilt als eine der sehenswertesten neuen Museumsarchitekturen Europas und vermittelt einen repräsentativen Querschnitt durch das Werk des in Duisburg-Meiderich geborenen Künstlers Wilhelm Lehmbruck (1881–1919). Die „Kniende“ (1911) zählt zu den reifsten Werken dieses niederrheinischen Expressionisten.

zur ständigen Mahnung an die Kriegsgefallenen. Mataré wurde, wie andere Künstler, verfemt. Einige seiner Werke landeten in der Ausstellung „Entartete Kunst“. 1977 baggerte man die Plastik mehr oder weniger zufällig wieder aus und beschloß, den „Toten Krieger“ neben die Stiftskirche zu betten. Dort ist das beschädigte Monument aus Basaltlava noch heute zu besichtigen.
Die Skulpturen eines anderen niederrheinischen Bildhauers galten im Nationalsozialismus ebenfalls als entartet: Wilhelm Lehmbruck gilt als Vertreter des deutschen Frühexpressionismus. Anstoß erregten seine Figuren bereits Ende der zwanziger Jahre. Eine wurde nach massiven Protesten aus der Öffentlichkeit zurückgezogen, bis die Nazis Lehmbrucks Werke Anfang der dreißiger Jahre dann völlig verbannten.
Ebenso mißfielen den Nazis die Motive Otto Pankoks, der mit Otto Dix zur Avantgarde der Künstlerbewe-

gung ,,Junges Rheinland" zählte; denn er stellte auf seinen Bildern Obdachlose und Zigeuner dar. Pankok zog sich aus dem offiziellen Kunstleben zurück. Nach dem Krieg lehrte er an der Kunstakademie in Düsseldorf, wo auch Beuys später Professor wurde und sich mit dem damaligen Wissenschaftsminister und späteren nordrhein-westfälischen Ministerpräsidenten Johannes Rau anlegte. Pankok widmete sich weiter Randgruppen und Minderheiten in unserer Gesellschaft. Seine Werke werden heute von seiner Tochter in Haus Esselt – einem ehemaligen Herrensitz im Kreis Wesel, das ihm als Atelier diente – betreut und dort in ständig wechselnden Ausstellungen einem interessierten Publikum zugängig gemacht.

Joseph Beuys wollte mit seiner ,,Straßenbahnhaltestelle" Spuren seiner Jugend am Niederrhein sichern. Umgekehrt hat Heinrich Böll literarische Spuren hinterlassen, die durch niederrheinische Städte laufen. Fritz Meyers ging ihnen 1979 nach und fand einige davon in Bölls Erzählung ,,Als der Krieg zu Ende war": Der Schriftsteller kehrt als Kriegsgefangener aus dem Ausland zurück. Bevor er seine Kölner Heimat wiedersieht, fährt er mit dem Zug durch die niederrheinische Landschaft, die er sich im Zwiegespräch mit einem Kameraden bruchstückhaft aus der Erinnerung zu erschließen sucht:

„Mein Gott", flüsterte er mir zu, „hast du die geringste Ahnung, wo wir hier sind?" „Ja", sagte ich „der Fluß, den du eben gesehen hast, heißt bei uns der Rhein, der Wald, den du da rechts siehst, heißt Reichswald – und jetzt kommt Kleve..." „Zu Kleve fällt mir nichts ein", sagte er, „gar nichts. Dir?" „Ja", sagte ich, „Lohengrin, die Margarinemarke "Schwan im Blauband" und Anna von Cleve, – eine der Frauen Heinrichs des Achten – ..." „Nun", sagte ich, „Kleve war, glaube ich, ziemlich früh schon preussisch – und irgendwo auf der anderen Rheinseite liegt eine kleine Stadt, die Wesel heißt".

Die Kette der Böllschen Impressionen ließe sich fortsetzen. Sie ließen sich festmachen an Denkmälern, etwa

Selbstbildnis Otto Pankok (Holzschnitt, 1958).

Wasserspiegelung am Schloß Moyland, dessen Restaurierung als Museum langfristig geplant ist.

am Wasserschloß Moyland, das nicht nur Rahmen und Raum für außerordentliche Beispiele moderner Kunst werden soll, sondern bereits 1740 Treffpunkt für zwei Männer war, die besonders die Politik und Philosophie der damaligen Zeit prägten: Friedrich der Große und Voltaire. In Moyland am Niederrhein trafen sich die beiden Männer zum ersten Mal. Grundlage für eine Freundschaft, die schließlich doch in einem tiefen Zerwürfnis endete.

Leben in der Gegenwart

Solche spektakulären Treffen hat es danach – wenn man von der Begegnung Winston Churchills mit Dwight Eisenhower anläßlich des Rheinübergangs der Alliierten bei Wesel gegen Ende des Zweiten Weltkrieges absieht – am Niederrhein nicht mehr gegeben; aber kulturelle Fäden sind auf vielen Schlössern weiter gesponnen worden. Wissen und Kalbek bei Weeze sind heute bekannt für ihre Konzerte. Im Moerser Schloß ist das Grafschafter Museum untergebracht mit einer Sammlung ur- und frühgeschichtlicher Bodenfunde sowie volkskundlicher Ausstellungsstücke. Außerdem findet jährlich ein Jazzfestival rund um das alte Gemäuer statt. In Schloß Ringenberg wiederum treffen sich, or-

ganisiert von der Volkshochschule Wesel, künstlerische Arbeitsgruppen, und einzelne Kunststipendiaten finden dort, ähnlich wie im ältesten noch erhaltenen Gebäude der Stadt Duisburg, dem Drei-Giebel-Haus, über längere Zeit Muße zur Arbeit.
Straelen wurde 1978 zu einem kulturellen Treffpunkt mit internationalem Flair. Auf Initiative des Beckett-Übersetzers Elmar Tophoven wurde ein ,,Übersetzerkollegium" gegründet. Es bietet Interessenten aus aller Welt computergestützte Arbeitsmöglichkeiten, eine umfassende Handbibliothek und die Chance, eigene Arbeiten in Diskussionen mit Kollegen kritisch überprüfen zu lassen.
Ein paar Kilometer nördlich, in Geldern, treffen sich jedes Jahr Straßenmaler zum Wettbewerb auf dem Pflaster in unterschiedlichen Gruppen. Ihre Produkte machen noch Wochen, nachdem sie in Kreide mit den Fingerspitzen auf Plätze und Bürgersteigen gerieben und anschließend fixiert wurden, einen Spaziergang durch die alte Herzogstadt zu einem farbigen Erlebnis. Kleve hat mit der Kulturbörse im Frühjahr ebenfalls eine moderne kulturelle Plattform geschaffen. Sie zeigt sich in der Gunst von Ausstellern und Besuchern als widerstandsfähig gegenüber modischen Schwingungen; sie ist inzwischen zu einem Forum deutscher, niederländischer und belgischer Kleinkunst geworden, das besonders von kommunalen Kulturreferenten gern zu Künstlerkontakten genutzt wird und auch als Einkaufsmesse für Einzel- Nummern und ganze Kulturprogramme geschätzt wird.
Die Duisburger Akzente haben sich mit ihrem weitgespannten Themenspektrum ebenfalls zu einer kulturellen Drehscheibe weit über die Montan-Stadt hinaus entwickelt. Überdies hat sich als Gegengewicht zum traditionellen Umgang mit Kunst in den Vorstädten eine unabhängige, eigenwillige und eigenständige Kulturszene gebildet, die sich mit dem subventionierten Kulturbetrieb kaum noch identifiziert.
Möglichkeiten, spielerisch mit Kunst und Kultur umzugehen, bietet Kindern auch das Lehmbruck-Mu-

Eine museumspädagogische Initiative mit großem Erfolg – Der ,,Museumsspaß" wird veranstaltet vom Förderkreis des Wilhelm-Lehmbruck-Museums, Duisburg, aus Mitteln der Peter Klöckner-Stiftung.

Unter diesem Dach sammelte Franz Haniel in Ruhrort seine ersten Handelsgüter. Das Stammhaus des Unternehmens, heute international besuchtes Privatmuseum, ist eines der markantesten Denkmäler niederrheinischer Wirtschaftsgeschichte. Als ,,gute Stube'' bietet der historische Speicher oft den besonderen Rahmen für hochkarätige Wirtschaftsgespräche.

seum, das vor kurzem erweitert wurde. Mit Hilfe der Peter Klöckner-Stiftung können Kinder ,,Museumsspaß'' erleben und mit sparsamen Mitteln Phantasiegebilde entwerfen. Dadurch soll eine Brücke zwischen Alltag und Museum geschlagen, die Schwellenangst gegenüber Kunstwerken und die Scheu vor dem Umgang mit ihnen getilgt werden. Elan und pädagogisches Engagement vorausgesetzt, können auch Kinder kulturelle Treffpunkte ohne große Ansprüche ganz natürlich erleben.

Zur kulturellen Substanz Duisburgs gehören aber auch viele alte Zeugnisse von Handel und Industrie, wie zum Beispiel das heute zu einem privaten, aber öffentlich zugänglichen Museum ausgebaute Haniel-Stammhaus aus dem Jahr 1756 oder die alten Verwaltungsbauten der Thyssen AG, die inzwischen die Qualität von Denkmälern haben. Außerdem entstanden in der Umgebung der Stahlwerke und Zechen Arbeitersiedlungen, um deren Erhalt zum Teil langwierige Kämpfe ausgefochten wurden. Eisenbahnhebetürme, Brücken, Zechentürme oder der alte Radschleppdampfer ,,Oscar Huber'' an der Einfahrt der Ruhrorter Häfen zeugen von der frühen Industrialisierung der niederrheinischen Metropole.

Die Gebäude der Zechen ,,Rheinpreussen III und IV'' in Moers bilden zusammen mit der Arbeitersiedlung in Meerbeck ein sehenswertes geschichtliches Ganzes. Der städtische Schlachthof von 1905 ist ebenso ein gelungenes Stück alter Funktionalarchitektur wie das alte Wasserwerk in Wesel.

Zwei alte Kornbrennereien, Bovenkerk in Ringenberg und Scholten in Xanten, schlagen den Bogen zwischen Denkmälern landwirtschaftlicher und industrieller Produktion. Das Palais Underberg in Rheinberg wiederum zeugt von den Bindungen zwischen Fabrikation und erwirtschaftetem Reichtum. Die klassizistischen Villen an der Tiergartenstraße in Kleve dokumentieren den Wohlstand, den die Quellen und das entsprechende Dienstleistungsangebot dem ehemaligen Kurort bescherten.

Denkmal der Johanna Sebus in Brienen bei Kleve, errichtet im Jahre 1824. Lithographie von Jobard nach einer Zeichnung von G. H. Zanders. (Ausschnitt, Städtisches Museum Haus Koekkoek, Kleve)

An der Schleuse

Gemälde und Gebäude, Kirchen und Klöster, Gärten, Grabmäler und Gedichtetes, Wassergräben, Wallfahrten, Windmühlen und Wehrtürme – all das macht die Kulturgeschichte des Niederrhein aus. Symbolisch verdichtet, so könnte man meinen, sind all diese unterschiedlichen Bereiche im Denkmal für Johanna Sebus in der Nähe der Schleuse in Brienen. Es ist ein drei Meter hoher Stein, auf dessen Vorderseite zwölf fünfzakkige Sterne ein kreisrundes Marmorrelief umranden, das eine schwimmende Rose, halb in Wellen abgetaucht, zeigt.

„Zum Andenken der 17jährigen Schönen, Guten aus dem Dorfe Brienen, die am 13. Januar 1809 bei dem Eisgange des Rheins und dem große Bruche des Dammes von Cleverham Hülfe reichend unterging", schrieb Goethe als Vorspruch zu einer Ballade auf Johanna Sebus, nachdem ihr Napoleon ein Monument in der Tradition französischer Revolutionsdenkmäler gesetzt hatte. Der Kampf gegen die Naturgewalt des Wassers, die eigenartigen künstlerischen Bearbeitungen der Katastrophe mit ausgeprägten nationalen Nuancen im niederrheinischen Raum repräsentieren den subtilen Reiz der Region.

Falk vom Hofe

Freizeit vor der Haustür

Eine Rundreise durch die Niederrhein-Region

Man muß nicht immer große Kunstbände wälzen, um sich die Kunst einer Region zu erschließen. Manchmal genügt ein Aufsatz, so wie diese „Rundreise", mit der der in der gesamten Region verwurzelte Dr. Wilhelm Cuypers („Niederrheinische Blätter") den Niederrhein von Duisburg durch den Weseler Raum bis Emmerich erschließt und ebenso von Kleve ausgehend den linken Niederrhein mit seiner Vielfalt an Kulturdenkmälern und der reizvollen Naturlandschaft bis Moers und Rheinberg vorstellt.

Das „weite Land am Strom", wie Poeten und Reiseschriftsteller den Niederrhein gelegentlich zu charakterisieren pflegen, ist verhältnismäßig spät zu literarischen Ehren gekommen. In der Rheinreiseliteratur des ausgehenden 18. Jahrhunderts sowie in der ersten Hälfte des 19. Jahrhunderts ist dem Niederrhein mehr die Rolle eines Aschenputtels zugewiesen. Mit der Burgenromantik und der Weinpoesie des mittleren Rheintales kann die herbe und auf den Betrachter einsam und verschlossen wirkende Landschaft zwischen Rhein, Ruhr und Maas kaum mithalten.

Verborgene Schönheit

Es ist wohl nicht Zufall, daß Johann Wolfgang Goethe dem fernen Niederrhein nur die rührende Ballade über Johanna Sebus widmete. Erst um die Mitte des vorigen Jahrhunderts machte der Publizist und Kulturhistoriker Wilhelm Heinrich Riehl mit seinem Wanderbuch „Auf dem Wege nach Holland" (1869) die verborgene Schönheit des wasserreichen Flachlandes, seiner sanften Hügelzüge und Höhenrücken einem breiten Publikum bekannt.
Nach der Jahrhundertwende entdeckten die Maler der Düsseldorfer Schule die herbe Schönheit des Niederrheins. Es waren vor allem Schüler des Altmeisters Eugen Dücker, darunter Maler wie Max Clarenbach, Helmut Liesegang, sowie Hugo Mühlig, Max Stern, Fritz von Wille und Arthur Wansleben, die die stillen Reize der Landschaft um Kleve, Kalkar, Xanten, Emmerich und Rees im Bilde festhielten. Einer der späteren Generationen von Niederrheinmalern gehörten Ot-

links
Niederrhein-Landschaft bei Rees aus der Vogelperspektive. Dominierend die im klassizistischen Stil erbaute katholische Pfarrkirche mit ihren markanten Türmen.

Blick auf Xanten (sign. 1942, Ausschnitt), von Theo Champion, 1887–1952. (Antiquariat am Mitteltor, Xanten)

to Marx und Theo Champion an, die sich zu einem neuen Naturalismus bekannten. Otto Marx, der mit Xanten-Vynen eng verbunden ist, bevorzugt Bäume als Motiv für seine Bilder, Bäume, die einzeln in der Landschaft stehen, oder Bäume vor Gehöfen und am Deich. In fast poesievollen Bildern hält Theo Champion die Weite der niederrheinischen Landschaft in seinen Bildern fest. Seine Vorliebe für hohe Himmel läßt die Tiefe des Raumes voll zur Wirkung kommen. Emil Barth in einem Brief an Theo Champion: „Es versteht sich, daß Sie in die Bilder dieser Erde verliebt sind; aber der hohe Himmel darüber, unter dem Sie als Kind der niederrheinischen Ebene geboren wurden, gehört zu Ihren Urerlebnissen."

Die deutsche Version des Niederländischen

Etwas prosaischer sehen Schriftsteller und Dichter unserer Tage, wie Heinrich Böll und Hanns Dieter Hüsch, den Niederrhein. Sie haben die Zerstörungen des Krieges und die Veränderung der Landschaft nach dem Wiederaufbau mit ihren Umweltproblemen erlebt, was sie allerdings nicht gehindert hat, ihr Bekenntnis zu dieser Landschaft, der sie sich zutiefst verbunden fühlen, abzulegen. Heinrich Böll, dessen Vorfahren aus dem Dreieck Kleve–Aachen–Köln stammen, bei einem Aufenthalt in Kevelaer: „Ich fühle mich sehr zu Hause in dieser deutschen Version des Niederländischen."
Hanns Dieter Hüsch, aus Moers gebürtiger Poet und Kabarettist, hat vor der Industriekulisse des Niederrheins seine Jugendjahre verlebt. In seinem Buch „Am Niederrhein" heißt es unter einem Farbfoto mit der Industrielandschaft bei Duisburg-Baerl: „Den Rhein an der Seite suchte mein Vater die blaue Blume. Kapitän und Tenor wollte er sein, wurde aber Beamter. Hier spielte ich mit den Vettern, stieg über Schlackenberge und glaubte, am Himalaya zu sein ...". Und weiter sagt Hüsch: „Alles, was ich bin, ist niederrheinisch. All mein Fühlen und Denken, mein Reden und Singen ist

Das Stadttheater Duisburg gegenüber dem König-Heinrich-Platz ist Sitz der Deutschen Oper am Rhein.

niederrheinisch. Meine Musik ist niederrheinisch. Der Niederrhein ist meine Musik."

Lebensraum in der großen Stadt

Ist es nicht das gleiche offene Herzensbekenntnis, das jüngst die Einwohner Duisburgs ablegten, als sie bei einer Umfrage zu 72 Prozent bestätigten, daß sie gerne in dieser Stadt leben, der man draußen so gerne ein rußschwarzes Image andichtet? Sie lieben diese Stahl-, Handels- und Schiffahrtsstadt mit ihren Licht- und Schattenseiten und sie träumen selbst noch unter blauem Himmel in südlichen Gefilden vom Meidericher Spielverein.
Zu den Paradestücken des Duisburger Kulturlebens zählt die Deutsche Oper am Rhein. Das bewährte Gemeinschaftsinstitut der Städte Duisburg und Düsseldorf hat sich mit viel beachteten Aufführungen einen internationalen Namen gemacht.
Das benachbarte Wilhelm-Lehmbruck-Museum, nach dem in Duisburg-Meiderich geborenen Sohn eines Bergmannes benannt, gilt heute als Deutschlands bedeutendste Stätte für zeitgenössische Bildhauerkunst. Ausstellungen in Leningrad, Moskau, Prag, Helsinki und Budapest haben dem Werk Wilhelm Lehmbrucks

Der zum Museumsschiff umgebaute Radschleppdampfer „Oscar Huber" ist ein Außenexponat des Museums der Deutschen Binnenschiffahrt in Ruhrort.

und dem Duisburger Museum weltweite Anerkennung gebracht. Der im Februar 1987 fertiggestellte Erweiterungs-Neubau präsentiert internationale Kunst „Von Lehmbruck bis Beuys" in einer Vielfalt, als habe es die Eskapaden um die „Expressionisten-Sammlung des Lothar-Günter Buchheim" nicht gegeben. Die unerwartet großzügige Förderung durch private Mäzene, die dem Museum zuteil wurde, zeigt, wie hoch sein Rang von den Menschen an Rhein und Ruhr eingeschätzt wird. So erwarb die Peter Klöckner-Stiftung mit einer Zwei-Millionen-Spende unter anderem die 1943 von Alberto Giacometti geschaffene Skulptur der „Frau auf dem Wagen", und die Krupp-Stiftung stellte eine beträchtliche Summe für den Erwerb eines bedeutsamen Werkes von Max Ernst zur Verfügung.
Das Niederrheinische Museum, ebenfalls im Kantpark, das mit dem benachbarten Wilhelm-Lehmbruck-Museum eine „Museums-Insel" inmitten der Stadt bildet, vermittelt die Vor- und Frühgeschichte des Niederrheins sowie die Stadtgeschichte Duisburgs. Die Mercator-Sammlung gehört zu seinen besonderen Schätzen.
Das dritte Duisburger Museum von überregionalem Rang ist das Museum der Deutschen Binnenschiffahrt im ehemaligen Ruhrorter Rathaus. Zu ihm gehört auch das vor dem Gebäude verankerte, aus einem ehemaligen Radschleppdampfer aus dem Jahr 1922 umgebaute

Duisburg und der Niederrhein sind reich an Wassersportmöglichkeiten. Das zeigen auch die Segler und Surfer auf dem Töppersee in Duisburg-Rheinhausen.

Museumsschiff „Oscar Huber", ein Symbol für die enge Verbundenheit Duisburgs mit dem Rhein und seiner Schiffahrt.
Die Königstraße im Zentrum der Stadt ist seit der Beendigung des Stadtbahnbaus zu einer einladenden Bummelzeile für Fußgänger geworden. Brunnen, Blumenbeete und Aktionsflächen lockern die 1000 Meter lange und 32 Meter breite Fußgängerzone auf. Transparente Dächer ermöglichen auch den Einkaufsbummel bei schlechteren Wetterverhältnissen. Linden verleihen der „Kö", wie die Duisburger ihre Präsentationsstraße auch nennen, ein grünes Allee-Flair.
Wer sich nach dem Einkaufsbummel entspannen möchte, findet dazu in Duisburgs Zoo hinreichend Gelegenheit. Das 15 Hektar große Waldgelände am Kaiserberg ist nicht nur zur Heimstätte für 4000 Tiere, sondern für die Besucher auch zu einer Oase der Ruhe und Erholung geworden. Wer es etwas lebhafter haben möchte, sollte das Delphinarium besuchen, wo weiße Beluga-Wale und flinke Jakobitas mit einem fast atemberaubenden artistischen Programm aufwarten.
Internationale Sportwettkämpfe und Meisterschaften werden im Duisburger Süden, im Sportpark Wedau ausgetragen; und wer die Freizeitmöglichkeiten Duisburgs vollends ausschöpfen möchte, sollte das in unmittelbarer Nähe des Sportparks gelegene Naherho-

Weseler „Hanse-Teller" zur Erinnerung an das Jahr 1407.

lungsgebiet der Sechs-Seen-Platte aufsuchen: Rund 14 Kilometer Wanderwege erschließen diese 100 Hektar umfassende einmalige Erholungslandschaft inmitten einer Großstadt.
Im Duisburger Norden ist mit dem Revierpark Mattlerbusch in den letzten Jahren als Pendant zu den ausgedehnten Freizeitanlagen im Süden eine weitere attraktive Grünzone entstanden. Über eine Million Besucher werden jährlich in dem 45 Hektar großen Park gezählt. Ein Wellenbad und ein Freibad laden zur Entspannung ein. Die Industrie-Metropole mit dem größten Binnenhafen der Welt versetzt den Besucher durch Freizeitangebote und grüne Oasen immer wieder in Erstaunen.

Wesels Kaufmannstradition

Man hat den Niederrhein gelegentlich auch eine „Flußlandschaft mit Hansetradition" genannt. In der Tat verbindet die Hanse Rheinstädte wie Duisburg, Wesel, Kalkar und Emmerich.
Der Weseler Kaufmann Siegfried Landers hat mit der Herausgabe des „Hanse-Tellers" an das Jahr 1407 erinnert, als Weseler Ratsherren und Vertreter der Weseler Kaufmannschaft in Amsterdam die Aufnahme ihrer Stadt in die Deutsche Hanse erreichten. Im gleichen Jahr übrigens, in dem auch Duisburg in die Hanse aufgenommen wurde. Die Hansestadt Wesel wurde „Haupt der clevischen Hanse-Städte"; und Köln lud mehrmals zu den Hansetagen des „Cölner Drittels" nach Wesel ein. Die Tradition ist weiter lebendig. 1991 steht anläßlich der Feier des 750jährigen Stadtjubiläums für Wesel ein Hansetag auf dem Programm.
Wesel hat auch eine preußische Vergangenheit. Obwohl die Stadt in den letzten Kriegsmonaten 1944/45 fast dem Erdboden gleichgemacht wurde, blieben ihr einige Bauwerke preußisch-deutscher Geschichte erhalten. Zwar wurden das Klever Tor, das Mehlmagazin und das einst so eindrucksvolle gotische Rathaus zer-

Das Berliner Tor, bedeutendstes Tor der ehemaligen Stadtbefestigung Wesels, wurde 1718–1722 nach Plänen des Festungskommandanten Jean de Bodt errichtet.

stört, aber die Zitadelle, die Kasematten, das Schill-Denkmal und nicht zuletzt das Berliner Tor konnten nach langjährigen Restaurierungsarbeiten als Zeugen der wechselvollen Festungsgeschichte der Stadt erhalten werden. Nicht minder stolz ist man auf den Wiederaufbau des Willibrordi-Domes. Er ist nicht nur ein Mittelpunkt kirchlich-evangelischen Lebens, sondern durch die Domkonzerte auch eine Pflegestätte der Musik. Die Städtische Galerie ,,Centrum'', in unmittelbarer Nähe des neuen Rathauses gelegen, sieht den Schwerpunkt ihrer Arbeit in regionaler und städtischer Geschichte, während der rege Niederrheinische Kunstverein vorwiegend avantgardistische Werke präsentiert. Das Schill-Museum zeigt Erinnerungsstücke an das Schicksal der elf Schillschen Offiziere, die wegen ihrer Opposition gegenüber der napoleonischen Besatzung 1809 in Wesel erschossen wurden.
Gastfreundschaft wurde in Wesel, das im Laufe seiner Geschichte auch den schmückenden Beinamen ,,Vesalia hospitalis'' ,,Gastliches Wesel'' erhielt, hochgehalten und gepflegt. Einst öffnete man die Tore der Stadt den Flüchtlingen, die in der Zeit der Reformation wegen ihres Glaubens ihre Heimat verlassen mußten. Heute bietet Wesel Tagungsteilnehmern, Touristen und Wanderfreunden Gastfreundschaft an. Das Erholungszentrum Rheinaue, mit einer Gesamtfläche von 810 Hektar, ist eines der größten Wassersportzentren am Niederrhein.

In Dinslaken erleben regelmäßig bis zu 4500 Traberfans aus dem gesamten Rhein-Ruhr-Gebiet prickelnde Renn-Atmosphäre.

Die Lippe als Wegweiser

Wesel eignet sich vorzüglich als Ausgangspunkt für Wanderungen. Reizvoll, wenn man dem Vestischen Überlandweg in Richtung Voerde und Bruckhausen/Hünxe folgt.
Von hier sind Abstecher an die Rheinpromenade von Götterswickerhamm, zum Wasserschloß Haus Voerde und vor allem in die Waldungen um Hünxe mit Schloß Gartrop möglich. Zwischen Lippe, Rhein und Bruckhauser Heide wird man immer neue Entdeckungen machen. Von hier ist es nicht weit in das idyllische Krudenburg oder in die Wacholderheide bei Drevenack. Hier liegt auch, in der unmittelbaren Nähe der Issel, das Haus Esselt. Es gehörte früher einmal zum Besitz des Freiherrn von Wylich zu Diersfordt und wurde 1958 von dem während des Dritten Reiches verfemten Maler und Grafiker Otto Pankok erworben. Durch die Einrichtung eines Museums für den 1966 verstorbenen Künstler wurde Haus Esselt zu einem Hort seines Nachlasses und für Kunstfreunde zu einer Attraktion mit internationalem Ruf.
Manche Niederrheinbesucher entschließen sich, wenn sie Wesel gesehen haben, zu einem Tripp nach Dinslaken, der einstigen Kreisstadt des Kreises Dinslaken mit ihren grünen Anlagen, dem Stadtpark und den Fundamenten der ehemaligen Burg.
Das einst klevische Dinslaken hat eine wechselreiche Geschichte. Für die aus der Mitte des 15. Jahrhunderts stammende katholische Pfarrkirche St. Vincentius ist der Hauptaltar aus einer Brüsseler Werkstatt bemerkenswert. In seinem Mittelteil sind figurenreiche Szenen aus der Passion dargestellt. Wer weiß schon, daß Heinrich Douvermann aus Dinslaken gebürtig ist? Über Dinslakens Vergangenheit erfährt man Näheres im „Haus der Heimat". Wer in Dinslaken des Volkes Freizeitfreuden erleben möchte, sollte die Trabrennbahn am Bärenkamp aufsuchen. Die einzige kunststoffbeschichtete Halbmeilenbahn Europas ist ein beliebtes Ziel der Freunde des Reitsports.

Ein Mekka der Expressionisten

Nördlich von Wesel liegt der Diersfordter Wald mit Schloß Diersfordt, dessen reizvolle Schloßkirche 1755/78 von Alexander Hermann von Wykirch erbaut wurde. Man kann den Dämmerwald erwandern und einen Nachmittag mit Kaffeepause dem Besuch des Dorfes Marienthal widmen. Die alte Schloßkirche, heute von Karmelitermönchen betreut, birgt eine Vielzahl von Schätzen kirchlicher Kunst der zwanziger, dreißiger und vierziger Jahre.
In dem einstigen Kloster der Augustiner-Eremiten fanden nach dem Ersten Weltkrieg junge Künstler bei Pfarrer Augustinus Winkelmann eine Zufluchtstätte, wo sie, fern von der Unrast der Großstädte, schöpferisch arbeiten durften. Zu ihnen zählten unter anderem Anton Wendling, Heinrich Dieckmann und Dominkus Böhm, der den Altar schuf, oder Edwin Scharff, der die bronzene Pforte der Klosterkirche gestaltete. Trude Dinnendahl-Benning schuf das Fenster „Vertreibung aus dem Paradies". Durch die von namhaften Künstlern geschaffenen Grabsteine und Ornamente bildet auch der Friedhof ein beachtenswertes Ensemble. Für viele Besucher ist der Ort gleichsam eine kulturelle Insel und eine Stätte der Erinnerung an die Zeit der Jugendbewegung nach dem Ersten Weltkrieg. Als Hochzeitskirche erfreut sich Marienthal in niederrheinischen Landen großer Beliebtheit.

In Kupfer getriebener Engel von Eugen Senge-Platten am Eingang der Kirche St. Mariä Himmelfahrt in Marienthal.

Der Blick über den Strom

Unser Weg führt zurück an den Strom, der trotz mancher Umweltbeschwerden das belebende Element der Landschaft und Ebene am „niederen Rhein" geblieben ist. Wer eine Rheinpromenade mit historischer Patina erleben und einen geruhsamen Blick auf Strom und Brücke genießen möchte, sollte Rees aufsuchen. Von der linken Rheinseite, der Reeser Schanz, hat man einen eindrucksvollen Blick auf die Stadt, die am 14. Juli

Nur zu ganz besonderen Anlässen wird in Emmerich die Festungskanone aus dem 19. Jahrhundert abgefeuert, eine Leihgabe von Konsul von Gimborn. Auf dem Alten Markt ertönen die Böllerschüsse zum 140. Fest der Schützengesellschaft „Borussia".

1228, einen Tag vor Xanten, durch den Kölner Erzbischof Heinrich von Molenark die Stadtrechte erhielt. Bereits 1470 hatte Herzog Johann von Kleve auf Drängen der Bürger und des Rates den Bau eines Turmes in der Oberstadt genehmigt. Die Mühle sollte allerdings nicht nur zur Verteidigung dienen, sondern auch zum Mahlen der Gerberlohe für die zahlreichen Reeser Schuhmacher. Und noch einem weiteren Zweck diente der Mühlenturm: Er sollte die Stadt im Winter bei schwerem Eisgang vor Eisschollen schützen. Eine Tafel am Turm erinnert an das Jahr 1608, als der Rhein schwere Eismassen an den Turm trieb.
Wer die Stadt heute besucht, wird kaum ermessen können, daß Rees am Ende des Zweiten Weltkrieges, ebenso wie viele andere Städte am Niederrhein, fast vollständig zerstört wurde. Die Stadt ist mit Rheinpromenade, Festungsmauer, Pegel- und Zollturm sowie dem historischen Rondell neu erstanden. Alte Baudenkmäler, wie das Wachttürmchen und der fünfhundert Jahre alte Mühlenturm an der Rheinpromenade, wurden wieder aufgebaut; die Türme der klassizistischen Kollegiatskirche geben der Silhouette der Stadt einen einmaligen Reiz.
Die Landschaft um Rees ist über das ganze Jahr Ziel vieler erholungssuchender Natur- und Wanderfreunde. Ehemalige Auskiesungsgebiete, wie das Sonsfelder

Meer, locken viele Wassersportler. Idyllische Ruhe herrscht am Biener Altrhein sowie zwischen den Altrheinarmen von Grietherbusch und Grietherort. Ornithologen beobachten hier das Leben zahlreicher Vogelarten, darunter auch die am Niederrhein in großer Zahl überwinternden nordischen Gänse.

Die Klever Pforte

Geschäftiger und bunter als in diesen Natur-Reservaten bietet sich dem Besucher das Leben an der Rheinpromenade in Emmerich. Wenn hier die niederländischen Passagierdampfer anlegen, glaubt man nicht nur, Seeluft zu schnuppern, sondern auch von einem Hauch internationalen Flairs angeweht zu werden. Im Emmericher Rathaus kann man gelegentlich in Gesprächen hören, daß sich der einstige „Augapfel des Klever Landes" zur „heimlichen Hauptstadt zwischen dem Revier und der Randstad Holland" gemausert habe.
Wie eng Emmerichs Geschichte mit dem Rheinstrom und mit dem Wirtschaftsleben in den benachbarten niederländischen Provinzen verbunden ist, dokumentiert auch das Rheinmuseum mit seinen Schiffsmodellen, alten Landkarten und einer Vielzahl von Informationen über das deutsch-niederländische Grenzgebiet. Ein Zeugnis aus der Kulturgeschichte der Stadt ist die Schatzkammer von St. Martini mit der „Arche des heiligen Willibrord" aus dem 11. Jahrhundert.
Der Rhein wird bei Emmerich auf der einen Seite vom Klever Burgberg mit der Schwanenburg, auf der anderen vom Eltenberg mit der romanischen St. Vitus-Kirche flankiert. Von dem 82 Meter hohen Eltenberg geht der Blick nach Kleve und Xanten, aber auch hinüber in das niederländische Nachbarland. Die Niederländer hegen, seitdem Elten wenige Jahre nach dem Kriege niederländisch war, immer noch eine stille Liebe zu Elten und dem Eltenberg, den scharfzüngige Zeitgenossen gelegentlich auch die „Zugspitze der Niederlande" zu nennen pflegen.

Die Vituskirche auf dem Eltenberg gilt als ältestes Beispiel einer Gewölbebasilika am Niederrhein.

Verbindung zwischen Emmerich und Kleve – die längste Hängebrücke Deutschlands.

Vom Eltenberg schaut man an Sonnentagen auf das glitzernde Band des Rheins und weiter westwärts auf den Klever Burgberg und die Schwanenburg. Imponierend der Blick auf die rot schimmernde, mit fünfhundert Metern zugleich längste Hängebrücke Deutschlands, die seit 1965 Emmerich mit Kleve verbindet. Hier, im Bereich der „Klever Pforte", wie das Rheintal an der Grenzscheide zwischen Deutschland und den Niederlanden auch genannt wird, erlebt man eine der schönsten Freizeit-Landschaften des Niederrheins.

Höfische Gartenkunst

Über die Brücke führt der Weg in die alte Herzogstadt Kleve mit ihren historischen Park- und Gartenanlagen am Fuße des Springenbergs. Wer von den Besuchern weiß schon, daß Kleves Gärten und Alleen einst eine europäische Attraktion waren? Sie sind dem Prinzen Johann Moritz von Nassau-Siegen, seit 1647 Statthalter des Großen Kurfürsten in Kleve, und seinem Architekten Jacob van Campen zu verdanken. J. van Campen gilt als der Begründer und Schöpfer der höfischen Gartenkunst im Raum nördlich der Alpen. Von hier gingen Impulse für die Gestaltung der Parkanlagen in Versailles, Hampton Court, Berlin und Kassel-Wilhelmshöhe aus. Prinz Moritz ließ auch in der Nähe der Klever Burg einen ,,Lustgarten" anlegen, dessen Überbleibsel heute ,,Moritzpark" genannt wird.

Beispiel Klever Gartenkunst: Der Cerestempel im Moritzpark, davor die Statue der Minerva.

Am Rande des Moritzparks, an der Ecke Lindenallee/ Nassauer Allee entdeckt der Besucher eine der Erinnerungen an Kleves ,,Goldenes Jahrhundert": die Cupidosäule. Auf der Kugel einer vier Meter hohen Feldschlange schwebt ,,Cupido", ein geflügelter Erosknabe mit Pfeil und Bogen. Der Volksmund hat dem Monument auch den Namen ,,Eiserner Mann" gegeben, in Anlehnung an die Marssäule ,,Eiserner Mann", die bis zu ihrer Zerstörung in der Franzosenzeit vor dem Amphitheater stand. Immerhin hat der geflügelte Erosknabe den heute zu Weltruhm gelangten Klever Mitbürger Joseph Beuys zur Gestaltung der ,,Transformation des Eisernen Mannes" für die Biennale 1976 in Venedig in Verbindung mit dem Werk ,,Straßenbahnhaltestelle" angeregt. Beuys über dieses Erlebnis aus seinen Klever Jugendjahren: ,,Ich wäre ohne diese rätselhafte Erscheinung wohl nicht Bildhauer geworden ..."

Für den Geschichts- und Kunstfreund bieten in der ,,Schwanenstadt" außer der aus karolingischer Zeit stammenden, aber mehrfach umgebauten Burg, in der sich heute das Landgericht befindet und in deren Schwanenturm eine beachtenswerte geologische Sammlung die erdgeschichtlichen Zusammenhänge des Niederrheinraumes verdeutlicht, vor allem das Städtische Museum Haus Koekkoek sowie die wiederaufgebaute Stiftskirche und die Minoritenkirche Höhepunkte einer Niederrhein-Reise.

Das Museum der Stadt Kleve fühlt sich der Wahrung des kulturellen Erbes des Herzogtums Kleve ebenso

Bei dem Patrizierhaus „Zu den fünf Ringen" am Markt zu Goch handelt es sich um eines der schönsten Beispiele spätgotisch-niederländischer Backsteingiebel-Architektur aus dem 15. Jahrhundert.

wie der zeitgenössischen Kunst verpflichtet. Es verdankt seinen Namen dem niederländischen Landschaftsmaler Barend Cornelis Koekkoek, der das palaisartige Gebäude 1847 errichten ließ. Dessen klassizistische Fassade zählt, ebenso wie das von Koekkoek erbaute „Belvedere", zu den architektonischen Kostbarkeiten der im Krieg stark zerstörten Stadt.
Eine Sehenswürdigkeit im Nordwesten des unteren linken Niederrheins ist aber auch das Museum Katharinenhof in Kranenburg. Das spätgotische Gebäude beherbergte von 1426 bis 1802 einen Augustinerinnen-Konvent, überstand den letzten Krieg und wurde 1961 als Museum eingeweiht. 350 Kunstwerke aus der Zeit vom Mittelalter bis zur Gegenwart, mit einer teilweise ungewöhnlichen Aussagekraft, sind eine beachtliche Leistung für eine Gemeinde dieser Größenordnung.

Im Reichswald wurde ein Kaiser geboren

Der Reichswald bei Kleve, Goch und Kranenburg ist mit über 5000 Hektar Fläche die größte staatliche Waldfläche des Landes Nordrhein-Westfalen und lädt zu erholsamen Wanderungen diesseits und jenseits der Grenze ein. Die Wander- und Radwanderwege sind vorzüglich ausgezeichnet.
Es ist geschichtsträchtiger Boden. Hier jagte einst Karl der Große, und hier wurde Kaiser Otto III. geboren. Wenn der Kreis Kleve heute als eine ideale Urlaubsregion gilt, so ist das nicht zuletzt der grünen Lunge dieses Waldgebietes mit seinen grenzüberschreitenden Wanderwegen zu verdanken.
Der nachhaltige Eindruck, den die Region Niederrhein vermittelt, erschöpft sich nicht nur in Wäldern, Weiden, Wiesen und Kolken, dazu gehört auch die Städtelandschaft zwischen Rhein und Maas. Hier darf man Goch nicht vergessen, eine Stadt mit einem beachtlichen Kunst- und Volkskundemuseum, das bisher im historischen Steintor untergebracht war und jetzt noch erheblich erweitert wird. Und man muß Städte wie

Kalkar und Xanten erlebt und erkundet haben, um zu ermessen, welche Kostbarkeiten der Niederrhein dem Kunst- und Geschichtsfreund zu präsentieren hat.

Perle des Mittelalters

Als Beispiel einer mittelalterlichen Stadt, in der man die Einheit von Städtebau, Kunst und Architektur des Mittelalters erfährt, gilt Kalkar.
Die Stadt, durch Graf Dietrich V. ab 1240 auf der sandartigen Erhebung eines Rheinarmes errichtet, bietet sich dem Besucher noch heute in dem historischen Grundriß, wie er um 1575 im „Städtebuch" von Braun/Hogenberg festgehalten wurde. 1407 wurde sie Mitglied der Hanse, und eine breite Schicht wohlhabender Kaufleute und Handwerker gab ihrem wirtschaftlichen und kulturellen Leben Impulse zu neuem Wachstum. 1438 beginnt der klevische Baumeister Johann Wyrenbergh mit dem Bau des neuen Rathauses. Das aus Backstein errichtete dreigeschossige Bauwerk übertrifft alle spätgotischen Rathäuser am Niederrhein nördlich von Köln sowohl an Umfang wie auch an ausgewogener Monumentalität der Baumasse. Nach dem Krieg wurde es in alter Schönheit wieder aufgebaut.
Meister Wyrenbergh verdanken wir auch die größte dreischiffige Hallenkirche am Niederrhein, Kalkars St. Nikolai-Kirche. Zwar wurde die Kirche bereits 1450 geweiht, aber es währte fast hundert Jahre, bis sie mit ihrer reichen Ausstattung vollendet war. Es entstanden der von Meister Loedewich (Ludwig Juppe) vollendete Hochaltar, ein Prunkstück spätgotischer Schnitzkunst, mit den Flügelbildern des Jan Joest, ferner der „Altar der sieben Schmerzen Mariens" von Hendrick Douvermann, der „Altar der sieben Freuden Mariens", nicht zuletzt der Marienleuchter, 1508 von Heinrich Bernts aus Wesel begonnen und 1509 von Kerstken von Ringenberg vollendet.
Kalkars historisches Stadtbild konnte in den letzten Jahren in beeindruckender Weise restauriert werden.

Niederrheinische Holzbildhauerei: Ausschnitt aus der „Wurzel Jesse", Predella des Mariä-Schmerzen-Altares von Heinrich Douvermann in der St. Nikolai-Kirche in Kalkar.

Im Archäologischen Park Xanten wurden zahlreiche imposante römische Bauwerke in originaler Größe rekonstruiert. Die anhaltend wachsenden Besucherströme bestätigen das breite öffentliche Interesse an diesen Ergebnissen archäologischer Arbeit.

Es lohnt sich, nicht nur den Beginenhof in der Kesselstraße, der zu den schönsten Bürgerbauten der Stadt aus der Zeit um 1550 zählt, zu besuchen, sondern auch das Städtische Museum mit seinem spätgotischen Giebel, das etwas versteckt hinter dem Rathaus liegt.
Aber nicht nur die Kunst des Mittelalters ist das Ziel vieler Besucher Kalkars, sondern auch das Freizeitzentrum Wisseler See, ein Dorado für Campingfreunde, Surfer, Jollensegler und Radwanderer. Von hier geht der Blick auf die Türme des Kernkraftwerks „Schneller Brüter", ein Produkt der Atomzeit, das Kalkar in den letzten Jahren manche Schlagzeilen in den Medien eingebracht hat.

Zweitausendjährige Geschichte

Des Niederrheins Renommier-Freizeitstadt ist das römische und mittelalterliche Xanten mit dem Archäologischen Park (APX), dem Dom, dem Regionalmuseum und dem Freizeitzentrum mit dem Nibelungen-Bad in Xanten-Wardt.
Xanten ist eine Stadt, deren Zukunft in der Vergangenheit liegt. Von hier aus war im Jahr 9 n. Chr. der römische Feldherr Varus mit seinen Legionen nach Germanien ausgezogen, ehe er im Teutoburger Wald seine verheerende Niederlage erlitt. Im Archäologischen Park wurden neben dem Amphitheater die Stadtmauer, das Hafentor, der Hafentempel und seit 1986 auch die Römische Herberge genau dort rekonstruiert, wo die Ausgrabungen auf die alten Fundamente hinwiesen. Rund 700 000 Besucher kommen jährlich in die Römerstadt, um sich mit dem Leben in der einstigen „Colonia Ulpia Traiana" vertraut zu machen. Auch bei „Kumpel Anton" wird hier unter sachkundigen Führungen das Interesse dafür wach, wie Römer am Niederrhein lebten, speisten und wohnten. Mancher Besucher nutzt die Möglichkeit, in der römischen Herberge auch die Gaumenfreuden der antiken Küche zu probieren. Die Besucher Xantens können nicht nur römische Ver-

gangenheit, sondern auch die mittelalterliche Stadt mit dem stilvoll restaurierten Marktplatz, Stiftsimmunität, Kreuzgang und Michaelskapelle erleben. Der Dom birgt eine Fülle sakraler Kostbarkeiten. Viel bewundertes Meisterwerk ist der Marienaltar von Hendrik Douvermann. Im Dom und in der Stadt stößt man bei jedem Schritt und Tritt auf Geschichte. Über die jüngste Vergangenheit Xantens vom Mittelalter bis in unsere Tage kann man sich im rekonstruierten Mitteltor informieren.

Das an der Südseite des Domes gelegene Regionalmuseum, das 1974 eröffnet wurde, zeigt neben Fundstükken aus der Römerzeit vor allem Prachtstücke aus dem Domschatz. In Wechselausstellungen präsentieren die Leitung des Museums und der Kunstkreis Xanten Werke niederrheinischer Künstler. Sieht man von den Beispielen der Städte Köln und Trier ab, so erfährt der Be-

Das mittelalterliche Xanten: Weit in die niederrheinische Landschaft ragen die Türme des Doms. Im Vordergrund: das wuchtige Klever Doppeltor aus dem Jahr 1392. Im Zentrum das 1190 errichtete Westwerk des Domes, eine Gipfelleistung spätromanisch-rheinischer Baukunst.

Der sechseckige Backsteinkuppelbau der Gnadenkapelle wurde 1654 errichtet. Er steht im Mittelpunkt des Kapellenplatzes von Kevelaer.

sucher kaum in einer anderen Stadt Deutschlands in vergleichbarer Dichte die Zeugnisse germanischer, römischer, mittelalterlicher und jüngster Vergangenheit wie in Xanten.
Zu einer Gedenkstätte leidensvoller Geschichte christlichen Glaubens ist die Krypta des Domes geworden. Hier ruhen nicht nur die Märtyrer aus römischer Zeit, die vor allem durch den Namen des heiligen Viktor dokumentiert sind, der sich als Chef einer römischen Militäreinheit geweigert hatte, gegen christliche Glaubensgenossen vorzugehen und dies mit dem Leben zahlen mußte, sondern auch die sterblichen Reste von Glaubenszeugen aus der NS-Zeit. Auch wenn in jüngster Zeit wissenschaftliche Zweifel an der These des von Professor Bader gefundenen Doppelgrabes laut wurden, so steht doch wohl fest, daß der Dom Begräbnisstätte christlicher Märtyrer war.

Der Sprung über die Grenze

Zur weiteren Erschließung des linken Niederrheins trägt auch die neue linksniederrheinische Autobahn (A 57) bei. Sie verbindet Rotterdam und die ,,Randstad Holland" mit dem Niederrhein, dem Revier und Süddeutschland. Diese Verkehrsanbindung ist für Kamp-Lintfort, Moers, Goch und Kevelaer von gleicher Bedeutung wie die rechtsrheinische Autobahn nach Arnheim für Emmerich und Wesel und die Autobahn Duisburg-Venlo für den gesamten Südteil des Bezirks. Darüber hinaus bietet sie auch jenseits der Maas neue Entwicklungschancen. So hat zum Beispiel bei Gennep die niederländische Gesellschaft ,,Center Parcs", gleichzeitig mit der Eröffnung der Autobahn, den Bungalow-Park ,,Heijderbos" mit einer originellen und zukunftsträchten Freizeit-Infrastruktur eröffnet, ausgestattet unter anderem mit einem subtropischen Schwimmparadies, in dem man bei sommerlichen Temperaturen auch an Wintertagen einen erholsamen Urlaub verbringen kann.

Haus Grotelaers, südlich der Stadt Geldern gelegen, ist ein Beispiel für die Vielzahl geldrischer Burgen, Schlösser und Herrensitze.

Weiter südlich, wenige Kilometer hinter Venlo, wurde der neue, 120 Hektar umfassende, niederländische Naturpark ,,Groote Peel" der Öffentlichkeit zugänglich gemacht. Seine Fußwege führen durch weitläufiges Torfmoorgebiet, in dem zahlreiche unterschiedliche Vogelkolonien zu beobachten sind. Er ist gleichsam ein kleines Gegenstück zu der dem Niederrhein im Norden, bei Arnheim, benachbarten Hoge Veluwe mit 5000 Hektar Wald und Heide, Sandverwehungen und Seen: Lebensraum für hunderte von Hirschen, Mufflons und Wildschweinen. Allein das inmitten dieses unvergleichlich schönen Stücks Niederlande gelegene Kröller Müller Museum, mit unter anderem vielen Van Gogh-Gemälden, ist schon eine Reise wert.

Rosen an der Niers

Diesseits der Grenze hat das Nierstal zwischen Goch, Weeze, Kevelaer und Geldern mit seinen alten Herrensitzen, Kirchen und Kapellen viel von seinem idyllischen Charme bewahrt. Hier, wie fast überall am Niederrhein, spürt man das niederländische Element vor allem natürlich in der Architektur. Auf der Niers kann man mit Hilfe eines Bootsverleihs Paddelfahrten unternehmen.

Parkanlagen und Rosenzucht von Schloß Kalbeck.

Inmitten ausgedehnter Waldungen liegt das Schloß Kalbeck. Im Monat der Rosen findet in den gepflegten Parkanlagen alljährlich das Rosenfest zugunsten der Lourdes-Wallfahrt von Kranken und Behinderten statt. Baronin Aileen Vittinghoff-Schell ist die Initiatorin dieser Rosenschau, die inzwischen zu einem Publikumsmagnet am Niederrhein geworden ist. Auf dem Weg nach Kevelaer entdeckt man an der B 9 Schloß Wissen, seit 1450 im Besitz der Grafen von Loe.
Weit über die Grenzen hinaus ist Kevelaer als einer der bedeutendsten Wallfahrtsorte Deutschlands und Europas bekannt. Inmitten der Notzeit des Dreißigjährigen Krieges wurde in dem nur wenige Gehöfte umfassenden Heidedorf durch den Handelsmann Hendrik Busman und seine Frau Mechel ein Heiligenhäuschen errichtet und am 1. Juni 1642 ein Andachtsbildchen Unserer Lieben Frau von Luxemburg durch den Pastor von Kevelaer eingesetzt. Bereits 1643 kamen die ersten Pilger aus Rees zur „Trösterin der Betrübten", und 1654 bauten die Oratorianer um den Bildstock die sechseckige Gnadenkapelle. Bis zu 600 000 Pilger kamen in den letzten Jahren in die Marienstadt.
Über die Geschichte der Wallfahrt und über ihre historischen Bindungen an die Niederlande, an Belgien und Luxemburg informiert das Niederrheinische Museum für Volkskunde und Kulturgeschichte in seiner Abteilung „Kevelaerer Marienwallfahrt und sakrale Kunst". Interessant sind auch die Präsentationen von Schützensilber, Kupfer-, Messing- und Zinngerät, Töpferkunst und Wohnkultur vom Niederrhein, sowie, im oberen Teil des Neubaus, die Spielzeugsammlung von Juliane Metzger, besondere Attraktion für jung und alt.
In der Chronik der Pilgerstätte wird das Jahr 1987, im Hinblick auf den Besuch von Papst Johannes Paul II. am 2. Mai, mit Recht als ein denkwürdiger Zeitabschnitt geführt. Kevelaer ist mehr denn je zu einer Zufluchtsstätte für diejenigen geworden, die des Trostes und des Beistandes in Not und Bedrängnis bedürfen und zugleich um mehr Liebe, Freude und Frieden in der Welt bitten.

Eine niederrheinische Spezialität: Einladung zum Spargelessen in einer Straelener Gaststätte.

Spargel aus dem Gelderland

Die Nachbarstadt Geldern empfiehlt sich mit ihrem Freizeit-Zentrum in Walbeck, einem ausgedehnten Wegenetz für Wanderer und Radwanderer sowie mehreren historischen Herrensitzen vor den Toren der einstigen Festungsstadt als ,,Stadt zum Aufatmen''. Man wandert auf Schmugglerpfaden im Grenzland und läßt sich's nach der Wanderung bei niederrheinischen Spezialitäten gut schmecken.

In der Spargelzeit ist neben dem ,,Spargeldorf'' Walbeck die Blumenstadt Straelen mit ihrer anheimelnden Marktplatz-Atmosphäre das Ziel vieler Heimat- und Wanderfreunde. In dieser Grenzstadt, einem der bedeutendsten Handelsplätze für Gartenbau-Erzeugnisse, findet allwerktäglich die größte Blumenversteigerung des Bundesgebietes statt.

Mit der Gründung des Europäischen Übersetzer-Kollegiums im Jahr 1978 hat Straelen einen europäischen Akzent gesetzt. Hauptziel des Kollegiums, das heute in einem modern gestalteten, historischen Häuserensemble arbeitet, ist es, die Übersetzung literarischer und wissenschaftlicher Werke sowie den internationalen Kultur-und Gedankenaustausch zu fördern. Nach dem Modell von Straelen entsteht im französischen Arles ein Kollegium mit gleichen Zielen.

Kirche und Windmühle in Stenden im Abendlicht.

Mit seinem südlichen Ortsteil Herongen zählt Straelen schon zum Naturpark Schwalm-Nette; und nicht minder beliebt ist bei den Freunden des Niederrheins das historische Wachtendonk, mit seinen malerischen Gäßchen, aber auch den Wanderpfaden, die an der Burgruine ihren Anfang nehmen. Ebenso führen Wanderwege in die alte Vogtei Gelderland und in die Bruchwaldungen von Nieukerk und Stenden oder auf die Höhenzüge von Rheurdt und Schaephuysen. Die Rheurdter Höhen und die Ausstellung „Wald und Wild am Niederrhein" am Fuße des Oermter Bergs zeugen von dem zunehmenden Interesse an Fragen der Umwelt und des Schutzes unserer Wälder.

Klostergarten und Schloßpark

Beliebte und gut ausgeschilderte Wanderwege führen auch von der alten Herzogstadt Geldern durch die Sevelener Heide in die Leucht und nach Kamp-Lintfort. Am Stadtrand liegt auf einem Höhenrücken die ehemalige Zisterzienserabtei Kamp. Die 1123 durch den Kölner Erzbischof gegründete Abtei war die erste Niederlassung des aus Südfrankreich stammenden Ordens auf deutschem Boden. Von hier gingen nachhaltige Impulse für Ackerbau und Landwirtschaft aus, die über etli-

che Klostergründungen in Mittel- und Ostdeutschland bleibende Spuren hinterlassen haben.
Heute ist das Kloster durch zwei bedeutende Projekte in den Mittelpunkt des öffentlichen Interesses gerückt: Hier soll nach Restaurierung des ehemaligen Agathastifts das „Ordensgeschichtliche Museum Kamp" eröffnet werden, und bis 1990/91 soll die Rekonstruktion und Gestaltung der Terrassengärten des Klosters in den Grundzügen des historischen Vorbildes abgeschlossen sein. Die barocke Gartenanlage des Klosters, unter Abt Franziskus Daniels am Südhang des Kamper Berges entstanden, zählte einst zu den bedeutendsten Terrassengärten Europas.
Historischen Baudenkmälern begegnet man auch in der einstigen Kreisstadt Moers, dem liebenswerten Mittelpunkt der alten Grafschaft. In unmittelbarer Nähe der vorbildlich sanierten Stadtmitte liegt das Schloß, eine ehemalige Wasserburg, mit dem Grafschafter Heimatmuseum und einer umfangreichen Sammlung Grafschafter Truhen, einer Dokumentation prähistorischer Funde und volkskundlicher Kostbarkeiten. Der Präsentation von alter und neuer Kunst widmet sich vor allem die Städtische Galerie Haus Peschken.
Für den Besucher unübersehbar ist das Denkmal der Kurfürstin Louise Henriette vor dem Schloß. Das Leben der als Schönheit gerühmten Kurfürstin erinnert an die enge Verbindung von Brandenburg-Preußen mit den Niederlanden und dem Niederrhein.
Der Schloßpark zählt mit seinen Baumbeständen zu den schönsten Gartenanlagen des Niederrheins. Er geht über in das beliebte Freizeit-Zentrum mit der alten Stadtmühle, dem japanischen Garten und dem Streichelzoo.
Die 42 Hektar große Fläche des Moerser Freizeitparks bietet unter anderem mit einem großzügigen Schwimmbad in dieser Stadt, die gleichermaßen zum Industrierevier wie zur grünen Ebene des Niederrheins zählt, eine reiche Palette vielfältiger Möglichkeiten: eine „Grafschafter Schönheit" inmitten einer industriereichen und zugleich geschichtsträchtigen Region.

Der Japanische Garten im Moerser Freizeitpark.

Underberg-Palais in Rheinbergs Stadtmitte.

Kurkölnische Bindungen

Zur Industriekulisse dieses Raumes gehört die alte kurkölnische Festungsstadt Rheinberg mit Borth, Budberg und Orsoy. Hier liegt im Ortsteil Borth Europas größtes Salzbergwerk, das den Rohstoff für eine der bedeutendsten Sodafabriken Westeuropas, im Ortsteil Ossenberg, liefert.

Allein, wer Rheinberg besucht, hat nicht den Eindruck, in einer reinen Industriestadt zu weilen. An die Vergangenheit der ehemaligen Kölner Exklave und Festungsstadt erinnern einige Bauwerke wie die Ruine des Zoll- und Pulverturms und nicht zuletzt der dreigeschossige Backsteinbau des alten Rathauses aus dem Jahre 1449.

Gegenüber dem alten Rathaus liegt das im Stil der Jahrhundertwende errichtete „Underberg-Palais", das der Familie einer bekannten „Bitterlikör-Dynastie" ge-

hört, über deren Mitglieder man sich im Rheinberger Volksmund auch heute noch manch amüsante Dönchen erzählt. Stolz ist man in Rheinberg auf das gegenüber der historischen katholischen Pfarrkirche St. Peter erbaute neue Rathaus. Dieses „Bürgerhaus" vereinigt Verwaltung und Kulturhalle in einem Raum. Es fasziniert den Besucher durch seine Kombination von Glas, Stahl und belebendem Grün.
Von hier aus ist es nicht weit zur Fähre bei Orsoy, die den linken Niederrhein mit Walsum, einem Ortsteil Duisburgs, verbindet und uns wieder an den Ausgangspunkt unserer Tour zurückführt, einer Tour durch die Region Niederrhein, die sich, von Rhein und Maas umschlossen, vom Ruhrgebiet bis zum niederländischen Nachbarraum erstreckt.

Die Rheinfähre, ein Bindeglied zwischen beiden Ufern des Stromes.

Dr. Wilhelm Cuypers

Fotonachweis

Bei der Bereitstellung der Abbildungen waren behilflich:

Bergbau AG Niederrhein, Duisburg-Homberg; Berzelius Metallhütten-GmbH, Duisburg-Wanheim; Boss-Druck und Verlag GmbH & Co. KG, Kleve; Butzon & Bercker, Kunstwerkstätten, Kevelaer; Hein Derix Werkstätten für Glasmalerei und Mosaik, Kevelaer; Deutsche Solvay-Werke, Rheinberg-Borth; Deutsche Texaco AG, Moers; Privatbrauerei Diebels GmbH & Co. KG, Issum; Stadt Dinslaken; Duisburg-Ruhrorter Häfen AG, Duisburg; Fraunhofer Institut für Mikroelektronische Schaltungen und Systeme, Duisburg; Friemann & Wolf GmbH, Duisburg; Grillo-Werke AG, Duisburg-Hamborn; Haindl Papier GmbH, Duisburg-Walsum; Franz Haniel & Cie. GmbH, Duisburger-Ruhrort; Hülskens & Co., Wesel; Kaiser Aluminium Europe Inc Deutschland, Voerde, Stadt Kamp-Lintfort; Karl Kisters Maschinenbau GmbH, Kleve; Klöckner & Co. KGaA, Duisburg; Klöckner-Werke AG, Duisburg; König-Brauerei KG, Duisburg-Beeck; Kröger KG Maschinenfabrik, Sonsbeck; Krupp Stahl AG Hüttenwerk Rheinhausen, Krupp Industrietechnik GmbH, Duisburg-Rheinhausen; Kunstverein Xanten, Antiquariat am Mitteltor; Landers Unternehmensgruppe, Wesel; Lehnkering Montan Transport AG, Duisburg; Mannesmann Demag AG, Duisburg; Mannesmannröhren-Werke AG, Duisburg-Huckingen; Stadt Moers; Niederrheinische Industrie- und Handelskammer, Duisburg; Niederrheinisches Museum für Volkskunde und Kulturgeschichte, Kevelaer; Otto-Pankok-Museum Haus Esselt, Hünxe-Drevenack; Pintsch Bamag Antriebs- und Verkehrstechnik GmbH, Dinslaken; Probat-Werke von Gimborn GmbH & Co. KG, Emmerich; Regionalmuseum Xanten; Rhein-, Maas- und Seeschiffahrtskontor GmbH, Duisburg; Rheinisch-Westfälisches Elektrizitätswerk AG, Wesel; Rütgerswerke AG, Duisburg-Meiderich; Spectro Analytical Instruments Gesellschaft für analytische Meßgeräte mbH, Kleve; Städtische Galerie ,,Centrum'', Wesel; Städtisches Museum Haus Koekkoek, Kleve; Stadtsparkasse Duisburg, Duisburg; Stadtwerke Duisburg AG, Duisburg; Steag Aktiengesellschaft, Voerde; Stinnes Reederei AG, Duisburg-Ruhrort; Thyssen Archiv, Duisburg-Hamborn; Thyssen Sonnenberg GmbH, Duisburg; Thyssen Stahl AG, Duisburg; Thyssengas GmbH, Duisburg-Hamborn; Gebrüder Trox GmbH, Neukirchen-Vluyn; UGA-Niederrhein Union gartenbauliche Absatzmärkte GmbH, Straelen; Universität-Gesamthochschule-Duisburg; Kreisarchiv Wesel, Wesel; Wilhelm-Lehmbruck-Museum, Duisburg; Wirtschaftsförderungsamt Kreis Kleve; Fritz Wulfert GmbH, Kunstwerkstätten, Kevelaer.

Weitere Fotos lieferten:

Günter Boßmann, Wesel; Karl-Heinz Elmer, Hamminkeln; Anneliese Herter, Kleve; Reinhard Kaltenböck, Emmerich; Rainer Kiedrowski, Ratingen; Britta Lauer, Duisburg; Werner Otto, Oberhausen; Norbert Schinner, Duisburg.

Die Luftaufnahmen sind freigegeben vom Regierungspräsidenten Düsseldorf unter den Nummern 33 T 511; OT 2814-2823; OP 144; 20/C224 und vom Regierungspräsidenten Stuttgart unter der Nummer 9/67 526.